Alles inklusive!?

Schriftenreihe der
Stiftung KBF

Herausgegeben von
Hans-Peter Färber

Alles inklusive!?
Teilhabe und Wertschätzung in der Leistungsgesellschaft

Herausgegeben
für die Stiftung KBF
von
Hans-Peter Färber
Thomas Seyfarth
Annette Blunck
Ellen Vahl-Seyfarth
Joachim Leibfritz
Gert Mohler

Bibliografische Information der Deutschen Bibliothek
Die Deutsche Bibliothek verzeichnet diese Publikation in der Deutschen Nationalbibliografie; detaillierte bibliografische Daten sind im Internet abrufbar über <http://dnb.ddb.de>.

Umschlaggestaltung unter Verwendung eines Fotos von Annette Blunck.

© 2014 · Stiftung KBF, Mössingen
 · KBF gemeinnützige GmbH

Das Werk einschließlich aller seiner Teile ist urheberrechtlich geschützt. Jede Verwendung außerhalb der engen Grenzen des Urheberrechtgesetzes ist ohne Zustimmung des Verlages unzulässig und strafbar. Das gilt insbesondere für Vervielfältigungen, Übersetzungen, Mikroverfilmungen und die Einspeicherung und Verarbeitung in elektronischen Systemen.
Gedruckt auf chlorfrei gebleichtem und säurefreiem Werkdruckpapier.

Internet: http://www.kbf.de
E-Mail: kbf@kbf.de

Layout/Satz: Sonja Bulling, Tübingen, www.sobulling-design.de
Herstellung und Verlag: Books On Demand GmbH, Norderstedt
Printed in Germany
ISBN 9783735738073

Inhalt

Vorwort VIII

Markus Dederich
Inklusion zwischen Wunsch und Wirklichkeit 11

Josef Kraus
Inklusion zwischen Idealismus und Kindeswohl 23

Jo Jerg
Respect me –
Formen der Anerkennung und ihre Bedeutung für inklusionsorientierte
Entwicklungen im Bereich Leben mit Behinderung 43

Kai-Uwe Schablon
**Was können Fachkräfte dazu beitragen,
damit Inklusion keine Illusion bleibt?** 61

Marion Wieczorek
**Zur aktuellen Situation von Schülerinnen und Schülern
mit einer Körperbehinderung im Schulsystem –**
Ableitung möglicher Gelingensfaktoren für die Inklusion 75

Kerstin Merz-Atalik
**Einblicke in inklusive Schulen und Klassenzimmer
national und international** 95

Edith Ramminger
Wie gemeinsames Lernen gelingen kann –
Welche Faktoren erleichtern oder erschweren die schulische Integration
von Schülerinnen und Schülern mit Körperbehinderungen? 113

Fritz-Heinrich Bauer
„Arbeiten, wo andere Urlaub machen."
Die integrative Ferienanlage CAP-Rotach in Friedrichshafen / Bodensee 125

Anke Springer
Leichte Sprache
Zugang zu Information als Weg zur Inklusion 133

Benjamin Strohmaier
Inklusion in der Jugendarbeit –
die Arbeit mit inklusiven Bands　143

Susanne Zeeb
Vom Überwinden von Barrieren –
Integration/Inklusion aus Elternsicht　149

Autorinnen und Autoren　167

Vorwort

Die UN-Behindertenrechtskonvention, 2009 in Kraft getreten, fordert die uneingeschränkte Inklusion und Teilhabe von allen Menschen in allen Lebensbereichen. In Schule, Ausbildung, Arbeit, Wohnen, Kultur und Freizeit soll es nicht länger Sonderwege für Menschen mit persönlichen Beeinträchtigungen geben.

Diese Forderung widerspricht in vielerlei Weise unserer bisherigen gesellschaftlichen Realität. Wir leben in einer Leistungsgesellschaft, in der um Erfolg, Schönheit und Belastbarkeit konkurriert wird. In vielen Lebensbereichen streben wir nicht Inklusion an, sondern wünschen uns Exklusivität und verbinden damit die Erwartung höherer Qualität. Den Slogan „Alles inklusive" oder „all inclusive" kennen wir aus dem Tourismus. Reisen, die so beworben werden versprechen zwar einen günstigen Preis aber nicht immer die beste Qualität. Was bedeutet dieser Widerspruch zwischen unserer Lebensrealität und der Forderung nach Inklusion für Pädagogik, Therapie und Pflege?

Momentan wird über diese Frage intensiv in der bildungspolitischen Auseinandersetzung diskutiert. Ein Kernpunkt der UN-Behindertenrechtskonvention ist das Recht auf Bildung und Erziehung in einer Schule für Kinder mit und ohne Behinderung.

Eine schlechtere Pädagogik, Therapie, Betreuung und Förderung soll aber mit der bildungspolitischen Forderung nach mehr Inklusion nicht einhergehen. Vielmehr versprechen die Befürworter einer weitgehenden Inklusion eine verbesserte Qualität der individuellen Förderung und Pädagogik und Fortschritte für unsere gesellschaftliche Entwicklung.

Die 10. Fachtagung der KBF für Fachkräfte aus schul-, sozial-, heilpädagogischen, medizinisch-therapeutischen, psychologischen und pflegerischen Arbeitsfeldern hat sich dem komplexen Thema Inklusion aus unterschiedlichen Positionen genähert und Antworten gesucht auf die Frage: Unter welchen Voraussetzungen und Bedingungen sind Wertschätzung und Teilhabe für Menschen mit Beeinträchtigungen und in verschiedenen Phasen des Lebens erreichbar?

Die Auseinandersetzung mit der Thematik fand in 16 Vorträgen und 13 Workshops statt.

Dieses Buch dokumentiert die oft kontroversen Beiträge und wichtigsten Ergebnisse der Fachtagung und erweitert die Schriftenreihe der KBF um einen zehnten Band.

Markus Dederich klärt in seinem Eingangsbeitrag zu diesem Band einige grundlegende Fragen zum Begriff der Inklusion in der Heil- und Sonderpädagogik, verschafft einen Überblick über die Hauptströmungen der aktuellen Diskussion und weist auf die vielfältigen Herausforderungen und Widersprüche in unserer Leistungsgesellschaft hin.

Josef Kraus plädiert in seinem Beitrag für eine Versachlichung der Debatte um Inklusion und stellt kritisch die Frage, ob das Ideal der Inklusion auch immer den Kriterien des Kindeswohls gerecht wird. Er weißt auf sieben Problembereiche im Zusammenhang mit Inklusion hin.

Jo Jerg stellt die beiden Begriffe Respekt und Anerkennung in den Mittelpunkt seiner Überlegungen zum Gelingen des inklusiven Prozesses. Er orientiert sich am Recht auf gesellschaftliche Teilhabe und weißt auf die ohne Inklusion weiterbestehende Gefahr der Diskriminierung, nicht nur von Menschen mit Behinderung hin.

Kai-Uwe Schablon befasst sich mit der Frage, was Fachkräfte im existierenden System zu einer Realisierung von Inklusion beitragen können und gibt - gestützt auf seine Untersuchungen im Bereich der Begleitung und Unterstützung von Menschen mit geistiger Behinderung - Anregungen für gelingende Inklusion.

Auch von Kerstin Merz-Atalik wird wieder ein weiter Bogen gespannt: Sie gibt, nach einer Darstellung dessen, was und wie inklusive Schule sein soll, Einblicke in erfolgreich arbeitende inklusive Schulen und Klassenzimmer in Finnland und Deutschland.

Marion Wieczorek befasst sich in ihrem Beitrag mit der aktuellen Situation von Schülerinnen und Schülern mit einer Körperbehinderung im Schulsystem und beschreibt Faktoren, die das Gelingen von Inklusion gerade auch für junge Menschen mit einer schweren Behinderung befördern können.

Konkret befasst sich Edith Ramminger mit diesen „Gelingensfaktoren" und beschreibt die Praxis der Einzelintegration eines Kindes mit einer Körperbehinderung unter der Bedingung des „zielgleichen Unterrichts".

Mit dem Beitrag von Fritz-Heinrich Bauer wird der Blick aus der Schule erweitert. Bauer stellt die integrative Ferienanlage Cap-Rotach in Friedrichshafen vor, wo ein barrierefreier Campingplatz Inklusion im Freizeitbereich möglich macht.

Zugang zu Informationen ist eine Voraussetzung für Inklusion. Auch dieser Zugang muss barrierefrei sein. Leichte Sprache ist eine Form der schriftlichen und mündlichen Kommunikation, die vor allem für und gemeinsam mit Menschen mit Lernschwierigkeiten entwickelt wurde. Bei Leichter Sprache geht es darum, dass Texte und Sprache einfach zu verstehen sind. Anke Springer führt in ihrem Beitrag in dieses Thema ein.

Benjamin Strohmaier berichtet über die Entwicklung des inklusiven Rockband-Projekts „Hauptsache es rockt" der Kulturwerkstatt e.V. in Reutlingen und beschreibt die Schwierigkeiten und deren Überwindung in der Entwicklung des Projektes.

Im letzten Beitrag dieses Buches berichtet die Mutter einer jungen körperbehinderten Frau über sehr persönliche Erfahrungen. Susanne Zeeb beschreibt, wie mühsam es oft ist, Barrieren zu überwinden und verdeutlicht ihre Sicht auf Integration und Inklusion.

Wir freuen uns, mit dem vorliegenden Band die Reihe der KBF-Publikationen um ein Buch erweitern zu können, das sich mit drängenden Fragen der aktuellen bildungs- und gesellschaftspolitischen politischen Diskussion auseinandersetzt.

Mössingen 2014

Hans-Peter Färber
Thomas Seyfarth
Annette Blunck
Ellen Vahl-Seyfarth
Joachim Leibfritz
Gert Mohler

Markus Dederich

Inklusion zwischen Wunsch und Wirklichkeit

1. Einleitende Überlegungen

Inklusion ist in Deutschland zu einem weitgehend anerkannten und konsensfähigen Leitprinzip geworden, das seit etwa 10 Jahren eine herausragende Stellung im erziehungswissenschaftlichen Fachdiskurs sowie in der Bildungspolitik einnimmt. Diese Entwicklung ist ohne Zweifel der in Deutschland 2009 ratifizierten UN-Behindertenrechtskonvention (BRK) geschuldet, die den damals hierzulande stagnierenden Prozess der Schaffung inklusiver Strukturen neu belebt hat. Durch die BRK hat die Idee der Inklusion in Deutschland erheblich an rechtlichem und politischem Gewicht gewonnen.

Gleichzeitig muss man konstatieren, dass das Reden über Inklusion zumindest im öffentlichen Diskurs, der sich vor allem mit der schulischen Inklusion befasst, inzwischen leerformelhafte Züge angenommen hat. Das Etikett ‚Inklusion' steht für höchst verschiedene, z.T. sogar sich ausschließende gesellschafts- und bildungspolitische Denkansätze und Konzeptionen. Aber auch im fachlichen Diskurs, der immer noch weitgehend in der Heil- und Sonderpädagogik geführt wird, gibt es nicht nur eine Reihe ungeklärter Fragen, sondern auch divergierende Grundpositionen.

So wird in Hinblick auf die schulische Inklusion am einen Ende des Spektrums die Auffassung vertreten, die inklusive Schule sei als eine frei wählbare Säule im Schulsystem neben anderen zu konzipieren. Am anderen Ende des Spektrums steht die Forderung nach einer Schule für alle, deren Realisierung faktisch zu einem radikalen Umbau des deutschen Schulsystems führen würde. Dementsprechend ist die fachliche Debatte über die Inklusion vielstimmig, uneinheitlich und z.T. hoch-kontrovers (vgl. z. B. Wocken 2011; Ahrbeck 2011). Diese Vielstimmigkeit ist u.a. dem Umstand geschuldet, dass die Opponenten in der Debatte häufig diametral entgegengesetzte Ausgangspunkte für die Darlegung ihrer Position wählen: die einen formulieren ein maßstabbildendes Ideal, das für die Politik und die Praxisentwicklung orientierende Funktion hat, die anderen gehen eher pragmatisch von Realitäten aus.
Wie auch immer man sich hier positioniert: unbezweifelbar ist, dass die

Idealvorstellung von Inklusion in der Praxis auf z.T. widrige Realitäten und ein komplexes Bedingungsgefüge trifft, das ihren Ansprüchen und Zielvorstellungen diametral entgegensteht und diese daher auszuhebeln droht.

Aber auch auf begrifflicher und konzeptioneller Ebene gibt es eine ganze Reihe von Problemen und Unklarheiten. Diese zeigen sich etwa in Hinblick auf die vieldiskutierten Gemeinsamkeiten und Unterschiede von Integration und Inklusion. Während Inklusion im Kern auf der Idee basiert, vorgängige Ausschlüsse überhaupt zu vermeiden, verfolgt das ältere Konzept der Integration das Ziel, bereits stattgefundene Ausschlüsse rückgängig zu machen. Insofern ist die Rede von Inklusion aus meiner Sicht durch eine gewisse Paradoxie gekennzeichnet:

Da wir immer noch in einer Situation sind, in der die Vermeidung von vorgängigen Ausschlüssen eher die Ausnahme ist als die Regel und es kaum umfänglich inklusive Schulen gibt, wäre es auch heute immer noch faktisch angemessener, von Integration zu reden.

Hier schließen weitere begriffliche Unklarheiten an. Zum einen werden in der Debatte häufig pädagogische und soziologische Bedeutungen des Begriffs der Inklusion häufig miteinander vermengt. So passt der soziologische Begriff von Inklusion nicht so recht zu dem in der Pädagogik gebräuchlichen: Meint der soziologische Inklusionsbegriff vor allem die Zugangschancen zu gesellschaftlichen Leistungen bzw. Systemen, bedeutet Inklusion im pädagogischen Kontext weitgehende Teilhabe an den Errungenschaften bzw. Leistungen verschiedener gesellschaftlicher Subsysteme und impliziert das sozialmoralische Postulat der Wertschätzung und Anerkennung bisher marginalisierter Gruppen (vgl. Kastl 2013).

Ebenfalls fällt auf, dass der Begriff der Inklusion sowohl in einem deskriptiven oder konzeptionellen Sinn als auch als Wertbegriff verwendet werden kann. Diese beiden unterschiedlichen Bedeutungen werden auf Kosten analytischer Klarheit häufig miteinander vermengt. Als beschreibender Begriff wäre Inklusion auf empirisch nachprüfbare Sachverhalte bezogen, als Wertbegriff würde er etwas bezeichnen, das sein soll – das als richtig erkannt und erstrebenswert verstanden wird, auch wenn die Realität noch ganz anders aussieht. Aus dieser Unklarheit resultiert, dass in der Heil- und Sonderpädagogik strittig ist, ob (eine umfassend gedachte und sich insofern exklusiv verstehende) Inklusion die einzige – vor allem politisch und sozialmoralisch – legitime Art ist, den gesellschaftlichen Ort von behinderten und benachteiligten Menschen zu bestimmen (vgl. Dederich 2013a). Angesichts der Vehemenz, mit der manche Positionen vorgetragen werden, drängt sich schließlich auch die Frage auf, ob Inklusion ein pragmatisches bildungspolitisches und erziehungswissenschaftliches Konzept oder eine sozialrevolutionäre Weltanschauungslehre ist.

Zu den Paradoxien der Debatte gehört schließlich der Befund, dass die Inklusion jegliche Zwei-Gruppen-Theorien überwinden möchte (Deutsche vs. Ausländer, Weiße vs. Schwarze, Behinderte vs. Nichtbehinderte usw.) und deshalb häufig, so etwa von Wocken (2011), mit einer Forderung nach konsequenter Dekategorisierung verbunden wird. Diese Forderung wirft nicht nur das Problem auf, dass es schwer ist, über etwas zu reden, das aus sozialmoralischen Gründen nicht auf einen Begriff gebracht werden darf; sie trägt auch das Risiko, mit der begrifflichen Entspezifizierung (oder Dekategorisierung) auch spezifische, gruppentypische Problemlagen und Bedarfe aus den Augen zu verlieren, weil diese für die Bereitstellung passgenauer Angebote bekannt sein und benannt werden müssen.

Vor diesem Hintergrund werde ich in meinem Vortrag mehreren Fragen nachgehen: Was bedeutet Inklusion? Welche Verheißungen bringt das Prinzip bzw. die Idee der Inklusion für Menschen mit Behinderungen mit sich?

Gibt es aktuell Gefahren, mit denen sich auch Befürworter der Inklusion auseinandersetzen müssen?

2. Die Idee der Inklusion

Was bedeutet Inklusion? Wörtlich bedeutet der Begriff ‚Einschluss' (lat. ‚inclusio') im Sinne von Einbeziehung oder Dazugehörigkeit. Während Integration eine Ganzheit wieder herstellen will – also das vormals Ausgeschlossene nun wieder ‚zurückgeholt' und einbezogen wird –, strebt Inklusion die Vermeidung eines vorgängigen Ausschlusses an. Inklusion steht so gesehen für Zugehörigkeit und Teilhabe von Anfang an. An diesem Punkt also geht Inklusion zumindest konzeptionell und sozialethisch über Integration hinaus.

Was ist die Kernidee von Inklusion? Auf den Internetseiten von ‚Inclusion International' findet sich z. B. folgender Hinweis: „Inklusion ist keine

Strategie, Menschen in die Systeme und Strukturen unserer Gesellschaften einzupassen; ihr geht es um die Transformation solcher Systeme und Strukturen um es für alle besser zu machen. Inklusion geht es um die Schaffung einer besseren Welt für alle" (http://www.inclusion-international.org/en/, Übers. des Verf.).

Der weitgehende sozialethische Impetus dieses Verständnisses von Inklusion macht sehr deutlich, dass ‚Inklusion' hier vorrangig als Wertbegriff verstanden wird und eine soziale Wirklichkeit im Blick hat, die erst noch geschaffen werden soll. Sehr ähnlich ist die Stoßrichtung folgender Erläuterung: „Inklusion heißt, Menschen willkommen zu heißen. Niemand wird ausgeschlossen, alle gehören dazu: zu unserer Gesellschaft, unserer Kommune, zu jeder kleinen oder großen Gemeinschaft. Alle werden anerkannt und alle können etwas beitragen. Unsere Gesellschaft wird reicher durch die Vielfalt aller Menschen, die in ihr leben" (Montag Stiftung Jugend und Gesellschaft 2011, 18).

Nach dieser Auffassung verpflichtet die Idee der Inklusion die Gesellschaft dazu, barrierefreie Strukturen zu schaffen, die maximale Teilhabe in Selbstbestimmung ermöglichen. Als umfassendes Recht auf Teilhabe verstanden bezieht sich die Inklusion auf sämtliche Lebensbereiche, in denen sich alle barrierefrei bewegen und im Rahmen ihrer Möglichkeiten entfalten können sollen. Auch hier steht Inklusion für das Ideal, dass jeder Mensch in seiner Individualität akzeptiert wird und uneingeschränkt an der Gesellschaft teilhaben kann. Unterschiede zwischen Menschen – auch solche Unterschiede, die wir als Negativabweichungen etwa in Bezug auf Leistungsfähigkeit oder den gesundheitlichen Status deuten – verlieren ihre Bedeutung als soziales Bewertungs- und Hierarchisierungsinstrument.

In einer inklusiven Gesellschaft werden Individuen, wer auch immer sie seien, nicht mehr anhand vereinheitlichender Maßstäbe verglichen und beurteilt.

Umgekehrt geht die Idee der Inklusion trotz der Wahrnehmung und Anerkennung von Unterschieden zwischen Menschen von ihrer prinzipiellen Gleichheit aus. Im Kontext von Inklusion bedeutet Gleichheit in der Regel Gleichwertigkeit trotz Verschiedenheit, der Anspruch auf gleiche Achtung und Chancengleichheit. In diesem Sinn schreibt Prengel:

„Gleichheitsvorstellungen ohne Ausgrenzungen implizieren die Akzeptanz gleichwertiger Differenzen und gehen damit über die Gleichheitsvorstellungen, die nur für Gleichartiges gelten und Abweichendes ausgrenzen, qualitativ hinaus. Gleichheit als Gleichwertigkeit des Differenten stellt damit erst die Einlösung der mit dem universell formulierten, aber nur reduziert gemeinten Gleichheitsbegriff verbundenen Versprechungen dar" (Prengel 1995, 47). An anderer Stelle heißt es: „Radikale Pluralität bildet sich aus der unhintergehbaren Eigenart differenter Lebensweisen und Wissens- und Denkformen, diese genießen jede in ihrer Eigenart hohe Wertschätzung. Indem aber jedem dieser Entwürfe das gleiche Recht auf Eigenart zukommt, wird das Gleichheitspostulat durch die Anerkennung von Verschiedenheit eingelöst" (Prengel 1995, 49).

Nach dieser Lesart ist Inklusion letztendlich ein Programm zur Transformation und Humanisierung der Gesellschaft insgesamt abzielt.
So macht auch Booth (2012, 187) deutlich, dass die Inklusion auf einer Reihe von Werten beruht, deren Verwirklichung ein wichtiger Beitrag zur Schaffung einer ‚guten Gesellschaft' wäre. Er nennt Gleichheit, Rechte, Partizipation, Gemeinschaft, Mitgefühl, Wertschätzung von Vielfalt, Nachhaltigkeit, Gewaltfreiheit, Ehrlichkeit, Vertrauen, Mut, Liebe zu Menschen und Sachen, Freude, Hoffnung, Schönheit. ‚Inklusive Gemeinschaften' sind nur möglich, wenn diese Werte von allen anerkannt und gelebt werden.

In Bezug auf Inklusion im Bildungssektor ist die ‚Salamanca-Erklärung' der UNESCO von 1994 das bis heute wichtigste internationale Dokument, das unmissverständlich eine Abkehr von einer segregierenden Bildung behinderter Kinder und Jugendlicher fordert. ‚Inklusive Pädagogik' – ein Terminus, der überwiegend (aber nicht ausschließlich) in Bezug auf das Bildungswesen verwendet wird – hat nach Hinz die Annahme zur Grundlage, dass „jeder aufwachsende Mensch ein Recht darauf hat, in einer Schule willkommen und ein geachtetes Mitglied einer sozialen Gruppe zu sein, ohne sich dafür qualifizieren zu müssen" (Hinz 2006, 258).
Biewer definiert inklusive Pädagogik wie folgt: „Inklusive Pädagogik bezeichnet Theorien zur Bildung, Erziehung und Entwicklung, die Etikettierungen und Klassifizierungen ablehnen, ihren Ausgang von den Rechten vulnerabler und marginalisierter Menschen nehmen, für deren Partizipation in allen Lebensbereichen plädieren und auf eine strukturelle Veränderung der regulären Institutionen zielen, um der Verschiedenheit der Voraussetzungen und Bedürfnisse aller Nutzer/innen gerecht zu werden" (Biewer 2009, 193).

Sowohl bei Hinz als auch bei Biewer fällt auf, dass Inklusion als Recht verstanden wird. Das mag selbstverständlich erscheinen, ist es aber keineswegs, denn bisher gab es für behinderte Menschen in der Gesellschaft keine verbrieften Rechte auf Integration oder Inklusion. Erst wenn Inklusion rechtlich verbrieft ist, handelt es sich um ein gesellschaftliches Gut, das allen Menschen verbindlich zusteht und nicht mehr je nach Situation, vorhandenen Ressourcen, Erfüllung von Voraussetzungen usw. gewährt oder vorenthalten werden kann.

Hinz (2003) bündelt den normativen und präskriptiven Kern der Idee der Inklusion wie folgt:
- Menschen mit Behinderung werden als nicht mehr eindeutig abgrenzbare Gruppe sowie als eine von vielen Minderheiten betrachtet.
- Alle Dimensionen von Heterogenität werden berücksichtigt: Fähigkeiten, Geschlecht, Ethnie, Nationalitäten, soziale Herkunft, kulturelle und religiöse Differenzen, körperliche Gegebenheiten u.a.m.
- Inklusion orientiert sich an der Bürgerrechtsbewegung, kämpft gegen jede Form von gesellschaftlicher Marginalisierung und vertritt die Idee umfänglicher Teilhabe.

Inklusion in Erziehung und Bildung impliziert u.a.
- gleiche Wertschätzung aller Schülerinnen und Schüler in ihrer Singularität, d.h. die Wertschätzung von Vielfalt
- die Weiterentwicklung der Kulturen, Strukturen und Praktiken von Institutionen, so dass sie besser auf die Vielfalt der Menschen eingehen können den Abbau von Barrieren für Lernen und Teilhabe
- Unterschiede zwischen den Menschen als Chance und nicht als Problem zu sehen.

Die bisherigen Ausführungen haben sich der Inklusion im Sinne eines Ideals bzw. hochrangigen rechtlichen, bildungs- und gesellschaftspolitischen Norm gesprochen, die unabhängig von den realen Verhältnissen eine allgemeine Verbindlichkeit beansprucht. Nun wende ich mich – vorwiegend auf der Grundlage neuerer soziologischer Forschung und Theoriebildung – Problemen bzw. Hindernissen bei der Umsetzung zu. Dabei gehe ich von folgender These aus:

Heute erscheint Inklusion als eine gefährdete und angezweifelte, menschenrechtlich verankerte, individual- und sozialethisch aufgeladene Leitidee für die Humanisierung der Gesellschaft. Demnach ist ‚Inklusion' bislang keine gesellschaftliche Realität, sondern eine Idee, an dem sich gesellschaftliche Entwicklung orientieren sollte. Hiermit soll auch zum Ausdruck gebracht werden, dass gegenwärtig der Diskurs über Inklusion in einem spannungsreichen Feld stattfindet:
- Obwohl dies nicht mit dem pädagogischen Konzept der Inklusion in Einklang zu bringen ist, spielt in der Praxis die Unterscheidung von ‚integrierbar' bzw. ‚nicht integrierbar' immer noch eine wichtige Rolle. Das bedeutet: Viele Institutionen, die sich Inklusion auf die Fahnen geschrieben haben, haben einen selektiven und exklusiven Ansatz (z. B. indem sie bestimmte Personen von vorne herein nicht in die Inklusion einbeziehen).
- Der Idee der Inklusion stehen immer noch vielfältige Ausgrenzungstendenzen bzw. Marginalisierungsprozesse, auch Prozesse der Selbstexklusion von Gruppen, gegenüber.

3. Gesellschaftliche Realitäten und ihre Bedeutung für die Idee der Inklusion

Soziologisch gesehen liegt der Befund nahe, dass die Idee der Inklusion, wie sie vorab skizziert wurde, deutlich überdehnt ist, denn sicher ist, dass es genauso wenig Inklusion in die Gesellschaft als Ganze geben kann wie Teilhabe an der ganzen Gesellschaft.
Vielmehr muss, wenn von Inklusion die Rede ist, jeweils sehr genau gefragt werden:
- Wer wird
- auf welche Weise
- worin
- mit welchem Status
- mit welchen (intendierten und nicht intendierten) Folgeeffekten inkludiert? (Kastl 2013)

Obgleich die Differenzen zwischen pädagogischem und soziologischem Inklusionsbegriff von großer Bedeutung hinsichtlich der Umsetzbarkeit und Umsetzungsstrategien von Inklusion sind, werde ich hier nicht näher darauf eingehen.

Vielmehr soll nachfolgend – ohne Anspruch auf Vollständigkeit und stringente theoretische Einbettung – auf eine Reihe von Barrieren hingewiesen werden, die derzeit einer substanziellen Annäherung an die Ziele der Inklusion im Wege stehen bzw. diese Annäherung erschweren. Die einzelnen Punkte überlappen sich auch teilweise und können sich wechselseitig verstärken. Dabei handelt es sich wohlgemerkt nicht um Argumente, die gegen die Idee der Inklusion an sich sprechen.

Hier geht es nur um eine Kontrastierung der großen Idee mit einigen gesellschaftlichen Realitäten, durch die naivem Wunschdenken und unreflektiertem Aktionismus vorgebeugt werden soll. Es soll deutlich werden, dass eine Annäherung an die Idee der Inklusion nur gelingen kann, wenn Barrieren verschiedenster Art, nämlich physische, materielle, soziale, politische, kulturelle und psychische) abgebaut werden können. Wenn dies nicht annähernd gelingt, wird die Inklusion scheitern oder zumindest auf halber Strecke steckenbleiben, quantitativ stagnieren und qualitativ verflachen.

a) Unzureichende materielle und institutionelle Voraussetzungen
→ räumliche/physische Barrieren
→ ehlende materielle Ressourcen
→ fachlich nicht qualifiziertes Personal
→ fehlende innere Zustimmung der Mitarbeiter*Innen

Zu den Grundvoraussetzungen für das Gelingen der Inklusion gehören eine angemessene materielle Infrastruktur, ausreichende finanzielle Ressourcen (denn auch hier gilt: ohne solide Finanzierung, geschweige denn als Sparprogramm, kann Inklusion nicht gelingen), der Abbau von institutionellen Zugangserschwernissen, ein entsprechend qualifiziertes Personal, das bereit ist, lösungsorientiert in interdisziplinären Teams zusammenzuarbeiten und Barrieren in den Köpfen abzubauen.

b) Ängste verschiedener Art
→ Berührungs- und Kontaminationsängste
→ Angst vor Absenkung des Leistungsniveaus in Schulen und Betrieben
→ Angst vor Überforderung

Bereits vor über 20 Jahren hat Reiser (1991) den damals noch üblichen Begriff ‚Integration' verwendend darauf hingewiesen, dass integrative Prozesse eine intrapsychische Ebene haben, die nicht ausgeblendet werden darf. Das bedeutet, dass es unumgänglich ist, Befürchtungen, Sorgen, Ängste und Widerstände unterschiedlichster Art, die durch die Inklusion geweckt werden können, ernst zu nehmen und sich mit ihnen auseinander zu setzen. Dazu gehört die Angst von Mitarbeiter*innen vor Überforderung, die etwa dann virulent wird, wenn sie sich nicht hinreichend qualifiziert fühlen.

Wichtig sind aber auch eher diffuse und untergründige Ängste vor dem, was fremd ist und daher als bedrohlich erlebt werden kann.

c) Fehlen der Zuerkennung eines positiven Werts behinderter Menschen
Zu den Bedingungen der Möglichkeit von Inklusion gehört die Wertschätzung von Vielfalt bzw. Verschiedenheit, die nicht als Problem, sondern als Chance begriffen werden soll. Gleichwohl scheinen bestimmte Vorbehalte gegenüber Menschen mit Behinderungen weithin ungebrochen, die sich an andersartigem Aussehen oder Verhalten, abweichender Sprache u.a.m. mehr entzünden können. Insofern kann man von einer emotional unterfütterten Ästhetik der menschlichen Disqualifikation sprechen, die dann greift, wenn Menschen z. B. aufgrund ihres andersartigen Aussehens die Möglichkeit abgesprochen wird, ‚Qualitätsstandards' wie Schönheit, Leistungsfähigkeit, hinreichende Intelligenz usw. zu erfüllen, die ein ‚reguläres' Menschsein definieren (vgl. Dederich 2012).

Das Postulat der Wertschätzung von Vielfalt und Heterogenität wird darüber hinaus durch vielfältige Normierungsprozesse unterlaufen (z. B. Lerndiagnostik oder vergleichende Leistungsmessung) sowie das Ideal eines leidfreien Lebens, das durch die Verheißungen verschiedener biologischer und medizinischer Technologien immer wieder neue Nahrung erhält und alles Leben, das sich als unvollkommen, verletzlich und gebrechlich zeigt, abwertet.

d) Barrieren, die durch das politische System bedingt sind
→ Dominanz des Leistungsprinzips
→ Qualifikations-, Selektions- und Allokationsfunktion von Schule (z. B. hohe Bedeutung formaler Bildungsabschlüsse)
→ die Idee der Gleichheit ist eine ‚Wettbewerbsformel' (z. B. Chancengleichheit)

→ Gesteigerte ‚Kampfbereitschaft' der Mittelschicht um knapper werdende Ressourcen

Von erheblicher Sprengkraft für die Idee der Inklusion sind politische und ökonomische Barrieren. Um nur zwei Beispiele zu nennen: Einerseits wird in Hinblick auf die inklusive Schule die Wertschätzung von Vielfalt gefordert, wodurch auf vereinheitlichende Maßstäbe zurückgreifende Vergleiche von Menschen unterlaufen und so hierarchische Bewertungen vermieden werden sollen. Andererseits hat die Schule unverändert nicht nur einen Bildungsauftrag, sondern auch gesellschaftliche Funktionen wie den der Selektion. Vor diesem Hintergrund zeigt sich dann auch deutlich, dass auch ein gerechtes Bildungssystem unweigerlich Gewinner und Verlierer hervorbringt. Letztlich sind Ideen wie die der Chancengleichheit oder Bildungsgerechtigkeit Wettbewerbsformeln (vgl. Dederich 2013b).

Die Macht der Ökonomie wiederum zeigt sich dort, wo Ökonomisierungsprozesse den sozialen Sektor in ein Wirtschaftlichkeitsdenken hineinzwingen und die Qualität und Humanität von Hilfsstrukturen oder Institutionen zu unterminieren drohen (vgl. Dederich 2008).

Diese verschiedenen Hindernisse treten nicht isoliert auf und existieren nicht zufällig. Vielmehr sind sie auf unterschiedliche Weisen gesellschaftlich und kulturell bedingt. Das aber heißt, dass sie systematisch mit dem Kern unseren Lebensverhältnisse verbunden sind.

4. Fazit

In einer übergreifenden Perspektive, die politische, gesellschaftliche und kulturelle Aspekte einbezieht, muss man Inklusion immer in engem Zusammenhang mit Exklusion denken. Soziologisch gesehen bilden beide unweigerlich zwei Seiten einer Medaille. Insofern beruht die Exklusionsvergessenheit mancher Inklusionsbefürworter auf einer politisch nicht unbedenklichen Ausblendungsakrobatik. Wie vorab skizziert wurde ist kaum zu übersehen, dass es ungebrochene Exklusionstendenzen in der Gegenwartsgesellschaft gibt.

So stellt Jantzen (2012) fest, Exklusion werde z. B. in verschiedenen Bundesländern dadurch politisch hergestellt, dass Menschen mit schweren oder

komplexen Behinderungen „von vornherein als nichtinkludierbarer Rest behandelt werden, als ob sie nicht das gleiche Recht gemäß der BRK hätten, alle Rechte zu haben, auch wenn wir sie ihnen heute in vielerlei Hinsicht noch nicht gewährleisten können" (S. 41). Während auf der Vorderbühne von Inklusion geredet wird, „wird auf der Hinterbühne weiter ausgegrenzt und unsichtbar gemacht" (S. 42),
„Solange von leichter Sprache, Umdefinition von Menschen mit Lernschwierigkeiten und Teilhabe auf der Vorderbühne die Rede ist oder dort das ‚Es ist normal verschieden zu sein' zur Rede von ‚verhaltensoriginellen' Menschen führt, die auf der Hinterbühne in Sondergruppen von Großeinrichtungen akkumuliert oder in Wohnheimen verborgen werden, wo immer schlechter bezahlte Mitarbeiterinnen einen immer größeren Arbeitsaufwand leisten müssen und dies alles nicht thematisiert wird [...], wo allgemein gesellschaftliche Ausgrenzung unter dem ‚Es ist normal anders zu sein' verschwindet, kann weder von Inklusion noch von der Gewährleistung von Menschenrechten die Rede sein" (S. 43).
Wenn Inklusion ein Passungsverhältnis ist, dann reicht es nicht aus, kleinere Justierungen vorzunehmen. Dann muss die Gesellschaft und Kultur insgesamt in den Blick genommen und kritisch geprüft werden, wo und wie systematisch in Ausschluss oder Marginalisierung mündende Nicht-Passungen hergestellt bzw. aufrechterhalten werden.

Vor diesem Hintergrund möchte ich mit fünf Thesen schließen:
1. Das politische System spätmoderner Gesellschaften ist nicht auf die Wertschätzung von Heterogenität und radikaler Pluralität ausgerichtet.
2. Inklusion ist eine gesamtgesellschaftliche und damit politische Aufgabe, deren Bewältigung nicht allein den Bildungseinrichtungen zugeschoben werden darf.
3. Inklusion im eingangs erläuterten Sinn sollte als Idealvorstellung begriffen werden, die eine unerlässliche orientierende Funktion hat, jedoch in der Praxis nur in mehr oder weniger guten Annäherungen zu realisieren ist.
4. Deshalb sollte Inklusion nicht statisch, sondern als Prozess verstanden werden, der nie zu einem endgültigen Abschluss kommen kann.
5. Die Umsetzung der Inklusion bedarf einer aufmerksamen und kritischen wissenschaftlichen Begleitung, um mit ihr einhergehende Exklusionsgefahren frühzeitig aufzudecken.

Literatur

Ahrbeck, Bernd (2013): Der Umgang mit Behinderung. Stuttgart

Biewer, Gottfried (2009) Grundlagen der Heilpädagogik und Inklusiven Pädagogik Bad Heilbrunn

Booth, Tony (2012): Der aktuelle ‚Index for Inclusion' in dritter Auflage. In: Reich, Kersten (Hg.): Inklusion und Bildungsgerechtigkeit. Standards und Regeln zur Umsetzung einer inklusiven Schule. Weinheim und Basel, 180-204

Dederich, Markus (2008): Die Universalisierung der Ökonomie – Ursachen, Hintergründe, Folgen. In: Vierteljahresschrift für Heilpädagogik und ihre Nachbargebiete. Heft 4, 288-300

Dederich, Markus (2012): Behinderung und die Politik des Sehens. In: Behindertenpädagogik, Heft 3, 252-263

Dederich, Markus (2013a): Inklusion und das Verschwinden der Menschen. Über Grenzen der Gerechtigkeit. In: Behinderte Menschen. Heft 1/2013, 33-42

Dederich, Markus (2013b): Philosophie in der Heil- und Sonderpädagogik. Stuttgart.

Hinz, Andreas (2003): Die Debatte um Integration und Inklusion – Grundlage für aktuelle Kontroversen in Behindertenpolitik und Sonderpädagogik? Sonderpädagogische Förderung 48, 330-347

Hinz, Andreas (2006): Integration und Inklusion. In: Wüllenweber, Ernst/ Theunissen, Georg/ Mühl, Heinz (Hrsg.): Handbuch Pädagogik bei geistiger Behinderung. Stuttgart: Kohlhammer, 251-261

Jantzen, Wolfgang (2012): Behindertenpädagogik in Zeiten der Heiligen Inklusion. In: Behindertenpädagogik, 51 Jg., Heft 1, S. 35-53

Kastl, Jörg M. (2013): Inklusion und Integration. In: Dederich, Markus/Mürner, Christian/Greving, Heinrich/Rödler, Peter (Hg.) Behinderung und Gerechtigkeit. Heilpädagogik als Kulturpolitik. Giessen, 133-152

Montag Stiftung Jugend und Gesellschaft (2011): Inklusion vor Ort. Der kommunale Index für Inklusion – ein Praxishandbuch. Berlin

Prengel, Annedore (1995): Pädagogik der Vielfalt. Opladen

Reiser, Helmut (1991): Wege und Irrwege zur Integration. In: Sander, Alfred & Raidt, Peter (Hg.): Sonderpädagogik und Integration. St. Ingbert, 11-31

Wocken, Hans: (2011): Das Haus der inklusiven Schule. Baustellen – Baupläne – Bausteine. Hamburg

Josef Kraus
Inklusion zwischen Idealismus und Kindeswohl

Ohne **Idealismus** und **Optimismus** könnten wir alle, so wie wir hier sitzen, einpacken, egal ob wir in pflegerischen, heilenden oder pädagogischen Berufen tätig sind. Ohne Idealismus und Optimismus wären wir Nihilisten oder Zyniker in unseren Berufen. Das würde keiner von uns lange aushalten – oder aber wir würden den uns anvertrauten Menschen damit schwer schaden.

Bei allem Idealismus und Optimismus müssen wir freilich stets bestrebt sein, auf dem Boden zu bleiben: realistisch, unser eigenes Handeln und Urteilen stets selbstkritisch reflektierend und durchaus geprägt von einem Schuss Skeptizismus.

Ohne einen solchen Realismus und Skeptizismus können wir den uns anvertrauten Menschen nicht gerecht werden, weil wir dann deren Lebenswirklichkeit ignorieren; weil wir in die uns anvertrauten Menschen mehr oder weniger narzisstisch oder auch helfersyndromatisch etwas hineinprojizieren, was zwar unserem Ego, unserem Ich-Ideal, schmeichelt, diese Menschen aber maßlos überfordert; weil Idealismus pur, mag er noch so empathisch anmuten, auch etwas Destruktives an sich haben kann, indem er reale Optionen geringschätzt oder gar vernichtet.

Zwischen diesen beiden Haltungen – hier Idealismus und Optimismus, dort Realismus und Skeptizismus – oszilliert meine eigene Betrachtung des Prinzips „Inklusion".
Das ist auch der Grund, warum ich mich auf dieses Thema in der im Programm bei der Fachtagung "Alles inklusive?!" 2013 bei der KBF in Mössingen ausgewiesenen Dialektik eingelassen habe: „Inklusion zwischen Idealismus und Kindeswohl."

Mein – allerdings lange zurückliegender – Lehrauftrag im Fach Psychologie an der Fachschule für Heilerziehungspflege und Heilerziehungspflegehilfe in Eisingen bei Würzburg; die behinderten Schüler (z. B. MS, Spastiker, Hör- und Sehbeeinträchtigten) an meinem eigenen Gymnasium sowie mein 23-jähriger Neffe mit Down-Syndrom ... freilich gaben und geben mir regelmäßig Impulse, mich mit Inklusion auch ganz persönlich zu beschäftigen.

Seit rund drei bis vier Jahren haben wir nun in Deutschland eine zunächst unterschwellige, dann mehr und mehr **anschwellende Debatte um „Inklusion"**, also um die Beschulung behinderter Heranwachsender im regulären Schulwesen.

Dass diese Debatte geführt wird, ist gut so, wenn sie denn einigermaßen sachlich geführt wird. Wenn sich freilich selbst Hochkaräter des Pädagogikfaches von Skeptikern der Inklusion oder auch nur von Realisten „angewidert" und „angeekelt" fühlen und dies auch noch öffentlich bekunden, dann kommen wir nicht weiter.

Wenig hilfreich ist auch, dass der Diskurs um „Inklusion" in typisch deutscher Manier nicht immer frei ist von ideologisch unterlegten Instrumentalisierungsabsichten. Vor allem ist es diskurstötend, wenn in der Inklusionsdebatte zumindest verbal mit der Faschismus-Keule geschwungen wird. Wer jede skeptische Betrachtung von Inklusion als Haltung des „Aussortierens", „Selektierens" und „Aussonderns" etikettiert, der will offenbar bewusst Assoziationen an schlimme zwölf Jahre deutscher Geschichte wecken; der muss sich aber auch fragen lassen, ob er mit dieser Semantik nicht ein millionenfaches Leid missbraucht.

Verbale Mäßigung würde der Diskussion jedenfalls gut tun. Gut tun würde der Debatte auch ein Verzicht auf Realitätsverweigerung und Selbsttäuschung. Ich meine damit die Tendenz, mit verbalen Umetikettierungen eine Benachteiligung/Behinderung unsichtbar machen zu wollen.

Man kennt das Phänomen aus den USA: Aus Kleinwüchsigen wurden dort „vertikal Herausgeforderte", aus Blinden „visuell Herausgeforderte", aus geistig Behinderten „intellektuell Herausgeforderte. Wir haben vergleichbare Begriff in Deutschland ebenfalls konstruiert: Aus geistig Behinderten wurden eine Zeit lang „praktisch Bildbare".

Andersheit ist auch kein bloßes soziales Konstrukt. (Siehe auch die Gender-Ideologie, der zufolge die Anatomie und die Endokrinologie keine Rolle spielen, weil Mann- bzw. Frau-Sein ein soziales Produkt sei.)

Falsch ist es auch, alle Menschen zu Behinderten zu erklären, indem man sich der Formel bedient: Es gibt Behinderte und vermeintlich Nicht-Behinderte. Und ebenso daneben liegt der Generalverdacht, mit dem suggeriert wird, besondere Förderung sei bereits Diskriminierung/Benachteiligung. Nicht gerade hilfreich ist es schließlich, wenn ein junger, gleichwohl blitzgescheiter deutscher Schulminister Inklusion als „Kommunismus" für die Schule bezeichnet. Das heizt die Debatte zusätzlich auf.

Der weltweites Renommee genießende Sonderpädagoge Otto Speck spricht jedenfalls zu Recht von Inklusion als „ideologischem Minenfeld".

Womöglich stellt die aktuelle Diskussion um Inklusion aber zunächst nichts anderes dar als einen nostalgischen Rückgriff in das Jahr 1973 und die Arbeit des Deutschen Bildungsrates. Dieser hatte in seiner radikalen Vision der Errichtung einer flächendeckenden Monopol-Gesamtschule die Integration Behinderter in Regelklassen empfohlen und das Sonderschulwesen radikal in Frage gestellt.

40 Jahre später ist diese Vision wieder in die Debatte eingedrungen: als Vision einer zur Gemeinschaftsschule umbenannten Gesamtschule; als Vision von einem möglichst langen gemeinsamen Lernen aller Schüler; als Vision von der Abschaffung aller Sonder- bzw. Förderschulen.

Manche meinen (hoffen) durchaus, mit der UN-Resolution habe dem gegliederten Schulwesen das Sterbeglöcklein geläutet. Kennzeichnend für Stand und Niveau der aktuellen Diskussion um die Inklusion ist auch, dass hier schulpolitisch erneut die zweiten und dritten Schritte vor den ersten gemacht werden, dass also Fragen der Lehrerversorgung, der Lehrerbildung usw. bereits in Angriff genommen werden, ehe überhaupt ein Konsens hergestellt ist, wann für wen in welcher Form Inklusion sinnvoll ist.

Der bloße Hinweis, die im Jahr 2006 verabschiedete und 2009 von Deutschland ratifizierte UN-Konvention mit dem Titel „Übereinkommen über die Rechte von Menschen mit Behinderungen" schreibe Inklusion vor, reicht als Basis für die Umsetzung von Inklusion aber nicht aus.

Zu oft wird übersehen, dass die UN-Konvention keinerlei Passus enthält, mit dem die Beschulung in Förderschulen als Diskriminierung betrachtet würde. Im Gegenteil: Artikel 5 (4) der UN-Konvention spricht davon, dass „besondere Maßnahmen...zur Beschleunigung oder Herbeiführung der tatsächlichen Gleichberechtigung von Menschen mit Behinderungen" nicht als Diskriminierung gelten. Und auch Artikel 24 der Konvention spricht nicht von einem inklusiven einheitlichen Schulwesen.

In diesem Sinne hat sich die Kultusministerkonferenz (KMK) 2010 eindeutig geäußert: „Die Behindertenrechtskonvention macht keine Vorgaben darüber, auf welche Weise gemeinsames Lernen zu realisieren ist. Aussagen zur Gliederung des Schulwesens enthält die Konvention nicht."

Trotzdem tun viele so, als wäre die Existenz deutscher Förderschulen ein Verstoß gegen die UN-Konvention. Die UN-Konvention verlangt aber keineswegs die Schließung von Förderschulen. Gottlob! Denn das deutsche Förderschulwesen ist einmalig im positiven Sinn. Deutschland hat im allgemeinbildenden und im beruflichen Sektor weltweit eines der funktionsfähigsten Systeme der Sonder- und Förderpädagogik. In Deutschland ist dies – anders als in anderen Ländern – selbstverständlicher Bestandteil des Rechts- und Sozialstaates.

Die meisten Länder dieser Welt wären froh, sie hätten eine derart wissenschaftlich fundierte Differenzierung.

Derzeit besuchen in Deutschland rund 365.000 Heranwachsende (davon zwei Drittel männlichen Geschlechts) eine der etwa 3.300 Förderschulen. Bezogen auf den Bereich der allgemeinbildenden Schulen sind dies laut Statistischem Bundesamt 4,2 Prozent aller Schüler und damit vergleichbare Größenordnungen wie in Finnland (3,8 Prozent), Dänemark (4,4 Prozent) und in der Schweiz (5,4 Prozent).

Rund 43 Prozent der 365.000 deutschen Förderschüler gehen in eine Schule für Lernbehinderte, 16 Prozent besuchen eine Schule für Geistigbehinderte, 8 Prozent eine Schule für Sprachbehinderte, 12 Prozent eine Schule für Verhaltensauffällige, sechs Prozent eine Schule für Körperbehinderte, jeweils ein bis drei Prozent eine Schule für Sehbehinderte oder für Gehörlose/Schwerhörige. Die Förderschüler werden von 72.000 Lehrern unterrichtet. Im Schuljahr 2010/2011 wurden 79 Prozent der Schüler mit sonderpädagogischem Förderbedarf an Förderschulen unterrichtet (2000/2001: noch 88 Prozent). Ansonsten ist die Inklusionsrate sehr abhängig von der Altersstufe: In Kindertagesstätten beträgt sie gut 60 Prozent, in Grundschulen rund ein Drittel und in weiterführenden Schulen rund 15 Prozent.

Das ist eine gigantische Infrastruktur. Vor allem aber steckt dahinter eine gigantische Leistung aller Beteiligten. Diese über Jahrzehnte währende großartige förderschulpädagogische Arbeit von Lehrern, Eltern usw. würde übrigens durch eine Abschaffung der Sonder- und Förderschulen dramatisch abgewertet.

Warum es die höchst individuell fördernden und von hochprofessionellem Lehrpersonal geführten Förderschulen wegen der UN-Konvention angeblich nicht mehr oder kaum noch geben soll, erschließt sich keiner nüchternen Betrachtung, zumal man in Deutschland durchaus wissenschaftlich begleitete Erfahrungen mit Inklusion gemacht hat und Fragen der Inklusion auch juristisch intensiv beleuchtet sind.

Im Herbst 1997 etwa war die Frage "Integration oder Separation" verfassungsrechtlich relevant geworden. Das Land Niedersachsen hatte eine körperlich und motorisch mehrfach behinderte Schülerin gegen den Wunsch der Eltern aus der fünften Klasse einer Gesamtschule in eine Sonderschule überwiesen. Das Bundesverfassungsgericht bestätigte dieses Vorgehen und kam 1997 zu dem Urteil: Die Überweisung an eine Sonderschule stelle nicht schon für sich eine Benachteiligung dar. Eine solche sei nur gegeben, falls die Unterrichtung im Regelschulsystem möglich sei, der Personal- und Sachmittelbedarf bestritten werden könne und schutzwürdige Belange Dritter nicht entgegenstünden.

Auch der praktische Erfolg der inklusiven Beschulung stellte sich bislang in der Empirie als gering dar. Bezeichnend ist der wissenschaftliche Bericht, den die "Arbeitsstelle Integration" am Institut für Behindertenpädagogik der Universität Hamburg über das Modell "Die Integrative Grundschule im sozialen Brennpunkt" erstellte. Die Untersuchung, deren Ergebnisse 1998 publik wurden, dämpfte viele Hoffnungen. Im Gegenteil.

Die **Kernaussagen** über den Erfolg **"Integrativer Regelklassen"** (IR), das heißt, von Klassen mit heterogener, also behinderter und nichtbehinderter Schülerschaft, sind nämlich eindeutig:
- "Auch im IR-System ist es trotz der sonderpädagogischen Ressourcen nicht gelungen, das Auseinanderklaffen der Leistungsschere aufzufangen."
- Und: "Es muss konstatiert werden, dass die Integration im Schulversuch nicht zur Reduzierung des sonderpädagogischen Förderbedarfs nach Ende der Grundschulzeit geführt hat."
- Außerdem: Es gab weniger gymnasiale Empfehlungen, keine Reduktion von Überweisungen an Förderschulen ....

Die differenzierte und höchstindividuelle Beschulung eines behinderten Kindes in einer spezialisierten Förderschule ist einem inklusiven Ansatz also in vielen Fällen überlegen.

Die Behauptung, dass einheitliche Schulsysteme einen erfolgreichen Umgang mit Heterogenität belegt hätten und, dass diese Erfahrung auch für inklusive Bildung gelten könne, ist in nichts belegt.

Es zeigt sich wie in allen Bereichen von Bildung: Je homogener eine Lerngruppe, desto individueller ist die Betreuung, desto größer sind die Fortschritte im kognitiven und affektiven Lernbereich. Man muss es ansonsten auch an dieser Stelle wiederholen: Integrierte, einheitliche Schule hat Jahrzehnte durchschlagender Erfolglosigkeit hinter sich. Wir kommen nicht vorbei an der Tatsache, dass die deutsche Gesamtschule seit den 1970/80er Jahren in allen einschlägigen Studien schlecht abgeschnitten hat. In der renommierten Studie „Bildungsverläufe und psychosoziale Entwicklung im Jugendalter" (BIJU) des Max-Planck-Instituts für Bildungsforschung (MPIB) zum Beispiel wird etwa für NRW festgehalten: Am Ende der 10. Klasse liegen Gesamtschüler im Vergleich mit Realschülern um zwei, im Vergleich mit Gymnasiasten um mehr als zwei Jahre zurück – und das trotz einer Schülerklientel der Gesamtschule, die sich von der Schülerklientel der Realschule weder hinsichtlich sozialer Herkunft noch hinsichtlich intellektueller Fähigkeiten unterscheidet. Entsprechendes bestätigen übrigens auch die PISA-Studien.

Zurück zum Grundsätzlichen in der Debatte um Inklusion:
Ehe man sich an die praktische Umsetzung der Inklusion macht, sollte man unterscheiden zwischen Inklusion als Ziel und Inklusion als Weg.

Das Ziel jeder behindertenpädagogischen Maßnahme ist unumstritten: Es geht um die berufliche und soziale Eingliederung dieser jungen Menschen und um deren gesellschaftliche Teilhabe. In vielen Einzelfällen aber kann Inklusion der falsche Weg dorthin sein.

Vor allem muss jede Behinderung individuell betrachtet werden, damit bei den betroffenen Kindern nicht am Ende ein Anpassungsdruck und ein Gefühl der Ausgrenzung entstehen. Es muss vermieden werden, dass Schüler mit Anforderungen konfrontiert werden, denen sie nicht gewachsen sind.

Es kann auch keinen Automatismus geben – weder bei der Überweisung in eine Förderschule noch bei der Zuweisung in eine inklusive Klasse. Jede Behinderung ist zu spezifisch, als dass man auf differenzierte Diagnostik und Entscheidung verzichten könnte. Der individuelle Förderbedarf eines

Kindes mit Trisomie 21 ist ein völlig anderer als der eines seh-, hör- oder motorisch beeinträchtigten Kindes.

Deshalb ist es entgegen allen Bemühungen um Dekategorisierung und dergleichen sinnvoll und kindgerecht, von sehr unterschiedlichen Beeinträchtigungen auszugehen: körperlichen, geistigen, sensorischen, sprachlich sozial-emotionalen oder Behinderungen im Lernen.

Entsprechend der Art der Beeinträchtigung muss letztendlich auch das Förderkonzept ausgerichtet werden: Wenn eine Behinderung bzw. Beeinträchtigung mit Hilfe technischer oder baulicher Mittel (Digitalisierung des Unterrichtsgeschehens, Aufzüge in Schulgebäuden, zusätzliche Räume usw.) bzw. mit Hilfe zusätzlicher Fachkräfte kompensiert werden kann, steht einer Inklusion nichts im Wege. Anders stellen sich die Möglichkeiten der Inklusion bei verhaltensauffälligen oder kognitiv beeinträchtigten Schülern dar.

Bedenken wir dabei aber bitte auch: Bei allen Maßnahmen der Inklusion muss das Wohl aller Kinder mitreflektiert werden. Auch Kinder ohne Behinderung haben ein Recht auf bestmögliche Förderung.

Es ist durchaus richtig, dass Nichtbehinderte einen Gewinn haben von der Begegnung mit Behinderten. (Das gilt zumal auch für die Gymnasien, deren Schüler sich übrigens durch eine besonderes Maß an Toleranz und Empathie auszeichnen.)

Ein Mehr an Gemeinsamkeit von behinderten und nicht behinderten Menschen ist in allen gesellschaftlichen Bereichen denkbar, im Bildungsbereich sehr wohl wünschenswert. Dieses Mehr ist aber nur möglich, wenn die Wege der Inklusion vom Kindeswohl ausgehen sowie realistisch und frei von Egalisierungsabsichten sind. Es sollte der Grundsatz gelten: So viel Inklusion wie möglich – so viel Differenzierung wie nötig!

Deshalb bin ich gegen eine inklusive Zwangs-Beglückung. Von Urs Haeberlin (Freiburg/Schweiz) wissen wir zum Beispiel, dass Lernbehinderte sich in Sonderschulen als weniger ängstlich erleben, sich wohler fühlen und mehr Selbstwertgefühl haben. Nichts jedenfalls hilft Kindern weniger, als wenn sie über die Realität hinweggetäuscht und etwa mit unverdientem Lob überhäuft werden.

Es geht um das Kindeswohl. So sieht es auch das UN-Übereinkommen von

2006. Dort steht in Artikel 7 (2): „Bei allen Maßnahmen, die Kinder mit Behinderungen betreffen, ist das Wohl des Kindes ein Gesichtspunkt, der vorrangig zu berücksichtigen ist." (In der englischen Fassung heißt „Kindeswohl" übrigens – aus meiner Sicht weitaus weniger zutreffend – „best interests".)

Inklusion ist zudem nur dann im Sinne des Kindeswohls, wenn begründete Aussichten bestehen, dass ein Schüler das Bildungsziel der betreffenden Schulform - durchaus auch mittels Nachteilsausgleich – erreichen kann und die Regelklasse durch die Inklusion nicht über Gebühr beeinträchtigt wird.

Davon unabhängig bedeutet Kindeswohl natürlich auch: Schutz und Fürsorge in allen Lebensbereichen; materielles Auskommen; Gesundheit und Sicherheit; familiäre und soziale Einbettung …. Das BGB baut mit seinen Paragraphen 1626 ff. im wesentlichen auf diesen Definitionen auf; es verpflichtet damit sowohl Eltern wie auch das staatliche Wächteramt.

Wie auch immer man das Wohl behinderter Kinder definieren mag: Wir dürfen Behinderung nicht nur als eine besondere Form von Besonderheit betrachten. Alle Ansätze von Dekategorisierung sind also falsch. Mit einer solchen Betrachtung bagatellisieren wir die besonderen Förderbedürfnisse der Betroffenen, weil wir damit ihr Sosein zu normalisieren suchen; erleben diese Menschen ein zweites Mal, dass sie um Chancen gebracht werden; rauben wir ihnen die ihnen zukommende Aufmerksamkeit, weil sie dann „unter ferner liefen" laufen; lassen wir die betreffenden Menschen in ihrer Situation verharren, wir zementieren sie geradezu dort ein; rauben wir ihnen die Möglichkeit, sich gegenseitig viel geben zu können. Das ist gegen das Wohl des benachteiligten Kindes!

Ich will aber noch grundsätzlicher werden und Schulbildung in einem zweiten Teil jenseits von Inklusion reflektieren. Wir können Inklusionspolitik und Inklusionspädagogik nämlich nicht losgelöst von den allgemeinen Debatten um Schulpolitik und Schulpädagogik betrachten. Denn die Irrwege der allgemeinen Schulpolitik und Schulpädagogik hinterlassen Spuren auch in Bereich der Förderpädagogik – mit und ohne Inklusion. Oder mit anderen Worten: Fehlentwicklungen in Schulpolitik und Schulpädagogik erreichen über kurz oder lang auch die Inklusionspädagogik.

Gestatten Sie also, dass ich mich in einem weiteren Teil meiner Ausführungen grundsätzlich mit aktueller Schulpolitik und Schulpädagogik befasse.

Sehr plakativ könnte man diagnostizieren, dass Schulpolitik und Schulpädagogik in Deutschland immer wieder und offenbar gern in die stets gleichen (sieben) Fall-Gruben stolpern:

1. in die **Egalitäts-Falle,** die Ideologie nämlich, dass alle Menschen, Strukturen, Werte und Inhalte gleich bzw. gleich gültig seien;
2. in die **Machbarkeits-Falle,** den Wahn, jeder könne zu allem begabt werden;
3. in die **Kompetenz-Falle,** also die Vorstellung, es gehe nicht um Inhalte, sondern um Kompetenzen;
4. in die **Falle der Spaß-, Erleichterungs- und Gefälligkeitspädagogik;**
5. die **Benchmark- und Ranking-Falle,** den Wahn, jegliche Bildung müsse sich in Tabellen und Rangreihen abbilden;
6. in die **Quoten-Falle,** die planwirtschaftliche Vermessenheit nämlich, es müssten möglichst viele Menschen mit dem Abitur-Zeugnis ausgestattet werden;
7. in die **Beschleunigungs-Falle,** die Vision also, man könne in immer weniger Bildungsjahren und mit immer weniger Unterrichtsstunden zu besser gebildeten jungen Leuten und zu einer gigantisch gesteigerten Abiturienten- und Akademikerquote kommen.

Zu diesen sieben Punkten jeweils ein paar Anmerkungen!

1. Zur Egalitäts-Falle

Wie in vielen anderen Bereichen muss Freiheit auch in Sachen Bildung Vorrang vor Gleichheit haben. Erinnern wir uns in diesem Zusammenhang an Alexis de Toqueville (1835) und dessen warnendes Wort: „Freiheit erliege gern der Gleichheit, weil Freiheit mit Opfern erkauft werden müsse und weil Gleichheit ihre Genüsse von selbst darbiete".

Das Spannungsverhältnis von Gleichheit und Freiheit ist aber nicht aufhebbar. Deshalb gilt nach wie vor, was Goethe meinte: „Gesetzgeber oder Revolutionäre, die Gleichheit und Freiheit zugleich versprechen, sind Phantasten oder Scharlatane".

Gerade auch im Schulwesen geht es um die Dialektik von Gleichheit versus Besonderheit. Freiheit oder Gleichheit? Bezogen auf Schulbildung lautet die Frage: Soll ein Schulwesen am Prinzip Freiheit oder am Prinzip Gleichheit orientiert sein?

Ich meine: an der Freiheit! Denn: Die „conditio humana" kennt keine Gleichheit. An der Unterschiedlichkeit und an der Vielfalt von Menschen ändern keine noch so moralisierende egalitäre Zivilreligion, kein Schulsystem und auch kein noch so gestalteter Unterricht etwas.

Merke: Schule ist keine Einrichtung zur Herstellung von Gleichheit, sondern zur Förderung von Verschiedenheit, von Individualität!

Außerdem gilt: Das unüberwindbare Dilemma des pädagogischen Egalitarismus ist nun einmal, dass egalitäre Schulpolitik vermeintliche Gleichheit allenfalls durch Absenkung des Anspruchsniveaus erzielt. Wer aber die Ansprüche senkt, der bindet gerade junge Menschen aus schwierigeren Milieus in ihren „restringierten Codes" bzw. bindet behinderte junge Menschen in ihren begrenzten Möglichkeiten fest.

2. Zur Machbarkeits-Falle

So mancher pädagogischer Idealist meint, Schöpfer spielen zu können. Es scheint dies ein archaischer Wunsch zu sein. Bereits die griechische Mythologie kündet davon: Sehr zur Verärgerung von Zeus formte Prometheus die Menschen aus Ton. Karl Marx sowie Materialismus, Sozialismus, Behaviorismus haben diesen Mythos quasi wiederbelebt mit ihrem Kampfspruch: „Der Mensch ist der Schöpfer seiner selbst und seiner Welt."

Bleiben wir in der Neuzeit: Vor gut hundert Jahren begann sich eine „objektive" Psychologie zu etablieren, die dieses Gedankengut aufgriff. Um 1900 entwickelt Iwan Petrowitch Pawlow seine Reflexologie. Im Kern besagt seine Theorie, die auf der Basis von Experimenten mit Hunden entwickelt wurde, dass nicht nur Reflexe, sondern auch das Bewusstsein „konditioniert" werden können. Eine Pädagogik, die sich daran anschließt, ist also im wahrsten Sinn des Wortes auf den Hund gekommen.

Die amerikanischen Behavioristen, allen voran John Watson (1878 - 1958) und Burrhus F. Skinner (1904 - 1994), folgen Pawlow. Anhand von Experimenten mit Ratten, Tauben und Katzen meinten sie darlegen zu können, dass alles Verhalten und Erleben abhängige Variable der unabhängigen Variable „Umwelt" sei. Im Land der unbegrenzten Möglichkeiten wurde vor allem folgender Leitspruch Watsons euphorisch aufgenommen: „Gebt mir zehn Babys, ich mache daraus einen Verbrecher, einen Politiker, einen Musiker..." Will sagen: Aus jedem könne durch Konditionierung alles werden, nichts sei angeboren und vererbt.

Solche Gedanken haben in der Pädagogik den naiven Optimismus gezeugt, dass der Mensch von außen her grenzenlos determinierbar sei. Jedenfalls verwundert es, wenn die Pädagogik anfällig ist für die Vision, das Kind sei als perfektes Produkt möglich. Dafür tut man in narzisstischer Projektion alles – möglichst schon vor der Geburt des Kindes. Peter Sloterdijk hat hierfür den Begriff „Fötagogik" erfunden. Immerhin hat diese pädagogische Hybris schon so manche Auswüchse gezeigt. Und so prasseln auf überehrgeizige Eltern Ratschläge in einer Art und Weise herunter, wie dies bei Arzneimittel-Empfehlungen nie zulässig wäre: Little-giants-Kindergärten mit integrierten Science-Labs; „Babytuning"; Englisch für Säuglinge; Early Learning Centers für 1000 Euro pro Monat; Luxuskitas; Portfolios und Potenzialanalysen bereits bei Dreijährigen .... (siehe: Helikoptereltern – Schluss mit Förderwahn und Überbehütung, Rowohlt 2013)

3. Zur Kompetenz-Falle

Die Kompetenzenpädagogik droht zum Trojanischen Pferd unseres Schulwesens zu werden.

„**Kompetenz**" – dieser Begriff macht ungebremst Karriere. Das erkennt man schon daran, wie inflationär dieser Begriff verwendet wird. Ich zähle 'mal – gewiss unvollständig und in beliebiger Reihung – ein paar (an die dreißig) Kompetenzen auf, die ich in deutschen Curricula fand: Methoden-Kompetenz, Lern-Kompetenz, Medien-Kompetenz, Führungs-Kompetenz, Umsetzungs-Kompetenz, Human-Kompetenz, Kritik-Kompetenz, mentale Kompetenz, Kern-Kompetenz, Frage-Kompetenz, Orientierungs-Kompetenz, Begriffs-Kompetenz, Strukturierungs-Kompetenz, Analyse-Kompetenz, Wahrnehmungs-Kompetenz, Urteils-Kompetenz, De-Konstruktions-Kompetenz, Re-Konstruktions-Kompetenz, Narrative Kompetenz …

Und dann immer wieder die Handlungs-Kompetenz (die boshafte Leute übersetzen mit „Dübeln statt Grübeln") und die Selbst-Kompetenz, zum Beispiel in Form von Selbstentfaltung, Selbstevaluation, Selbstregulierung, Selbstverwirklichung, Selbstzentrierung. Einmünden sollen all diese Kompetenzen auf einer elaborierten, intermediären oder basalen Ebene in eine Sprach-, Lern-, Sozial- und Personal-Kompetenz oder auch in Vertikal-, Horizontal- oder gar Meta-Kompetenzen.

Kompetenzen sind also in aller Munde. An der Münchner Fachhochschule gibt es seit 2003 mittlerweile sogar eine Professorin für Schlüsselqualifikationen. Sie wirbt für Ihre Veranstaltungen zur Schulung von „soft skills" unter anderem mit dem Slogan: „Fakten haben ausgedient."

Sie merken es schon, ich kann mich mit dem Begriff „Kompetenz" nicht anfreunden. „Kompetenz" ist für mich ein Plastikwort, ein pädagogisches Hochglanz-, ja ein Reklame-Wort.

Um Inhalte scheint sich keiner mehr zu kümmern. Die Folge ist: Wer nichts weiß, mag zwar kompetent sein, er muss aber alles glauben. Und wem Kenntnis fehlt, dem fehlt es an Verständnis. Mit Kompetenzen jedenfalls werden Lehrpläne zu Leerplänen.

4. Zur Spaß-Falle

Eine um sich greifende Spaß-, Verwöhn-, Erleichterungs- und Gefälligkeitspädagogik tut so, als ginge alles ohne Anstrengung.
Wir müssen aber wegkommen von der Vorstellung, Leistung und Begabung seien etwas Unanständiges. Wir verbauen unseren jungen Leuten die Zukunft, wenn wir Schule impertinent assoziieren mit "Leistungsstress", "Leistungsdruck", "Leistungsterror".

Wer aber das Leistungsprinzip solchermaßen bereits in der Schule untergräbt, setzt zugleich eines der revolutionärsten demokratischen Prinzipien außer Kraft. In unfreien Gesellschaften sind Geldbeutel, Geburtsadel, Gesinnung, Geschlecht oder dergleichen Allokationskriterien – Kriterien zur Positionierung eines Menschen in der Gesellschaft. Freie Gesellschaften haben an deren Stelle das Kriterium Leistung vor den Erfolg und den Aufstieg gesetzt. Ein revolutionärer Fortschritt und zudem die große Chance zur Emanzipation für jeden Einzelnen!

Und ein weiteres (womit wir durchaus wieder beim Thema „Behinderte" angekommen sind): Auch Sozialstaatlichkeit ist nur mit dem Leistungsprinzip (und mit Leistungseliten!) machbar. Ein simpler Beweis hierfür ist die Tatsache, dass 20 Prozent der besonders Leistungsfähigen 70 Prozent des Steueraufkommens leisten. Deshalb kann das Sozialprinzip auch nicht über das Leistungsprinzip gestellt werden.

Verschiedenheit ist ansonsten keine Ungerechtigkeit! Vielmehr ist nichts so ungerecht wie die gleiche Behandlung Ungleicher!

Außerdem gilt: Das Prinzip Leistung und das Prinzip Auslese sind nun einmal die beiden Seiten ein und derselben Medaille. Zudem ist Auslese eine notwendige Voraussetzung für individuelle Förderung von Kindern.

Die anti-thetische Formel „Fördern statt Auslese" ist grundfalsch. Es muss heißen: Fördern durch Differenzierung!

5. Zur Quoten-Falle

Ein Irrweg ist die Vorstellung, Deutschland brauche wegen seiner internationalen Konkurrenzfähigkeit eine erheblich höhere Abiturienten- und Studierquote. Richtig ist: Das, was andere Länder als „Abitur" bzw. „Studium" deklarieren, entspricht bei uns oft nicht einmal einer Fachschulausbildung. Die Akademiker-Quoten sind international nicht vergleichbar, in Finnland und in den USA sind auch Krankenschwestern und Kindergartenerzieherinnen „Akademikerinnen". Im übrigen gilt: Eine „Verhochschulung" unserer Gesellschaft wird der Forderung nach Höherqualifizierung nicht gerecht. Auch in Zukunft werden zwei Drittel der jungen Menschen über die berufliche Bildung den Einstieg in einen Beruf finden. Diese jungen Menschen dürfen nicht als Außenseiter betrachtet und vernachlässigt werden.

Interessant ist zudem: Dort wo man in Europa die niedrigsten Abiturienten-Quoten hat, hat man zugleich die besten Wirtschaftsdaten; nämlich in Österreich, in der Schweiz sowie in Bayern. Ein wichtiges bildungspolitisches Kriterium wird ebenfalls häufig übersehen, nämlich die Jugendarbeitslosigkeit. Hier haben oft sogar vermeintliche Vorzeigeländer mit Gesamtschulsystemen eine Quote von um die 20 Prozent - Finnland etwa. In Ländern mit gegliederten Schulsystemen und dualer Berufsbildung dagegen sind es um oder unter acht Prozent: in Deutschland, in Österreich und in der Schweiz.

6. Zur Benchmark- und Ranking-Falle

Die seit zehn Jahren inflationär um sich greifende empirische Bildungsforschung entfaltet mehr und mehr eine normative Wirkung. Es scheint, als müsse sich alle sog. Bildung in PISA-Punkten, in Benchmarks und in Rankings abbilden.

Es ist jedenfalls eine Art Höhenrausch, wenn „Pisaner" behaupten, mit diesem 120-Minuten-Test untersuchen zu können, „wie gut die jungen Menschen auf Herausforderungen der Wissensgesellschaft vorbereitet sind." Das ist doch ein überheblicher Anspruch. Denn: PISA untersucht schließlich nur einen Ausschnitt von dem, was Bildung ist: ein bisschen etwas vom Können unserer Schüler, einen Text zu verstehen. Sprachliches Ausdrucksvermögen, Fremdsprachen, Geschichte, ästhetische und ethische Bildung, literarische Bildung – all das kommt in PISA nicht vor.
Bezeichnend ist, wer die Einflüsterer solcher Pädagogik sind. Es sind dies die OECD und die Bertelmann-Stiftung – um nur zwei zu nennen:

- Die von der OECD definierten Kompetenzen geben im Grunde nichts anderes wieder, als die Arbeitsanforderungen in einem globalisierten Unternehmen. Die OECD greift somit – ohne Legitimation – massiv normierend in nationale Bildungssysteme ein.
- Als Verstärker wirkt dabei auch die Bertelsmann Stiftung, von der manche sagen, es sei ohnehin längst das – jeder demokratischen Kontrolle entzogene – heimliche Bildungsministerium.

Ich habe ferner den Eindruck, dass uns mit der Kompetenzenpädagogik eine operationalistische Verarmung von "Bildung" droht: Bildung ist das, was ein Test misst oder die OECD auszuzählen vorgibt.
Das heißt nicht, dass ich keine Bilanzen und keine empirische Bildungsforschung haben möchte. Zu lange hat sich Deutschland solcher Leistungsmessung entzogen. Vor allem waren es A-Länder, die die Bilanzen scheuten und zum Teil noch im Jahr 1999 PISA verhindern wollten.

Aber zurück zum Grundsätzlichen: Die Testerei von Kompetenzen schafft sich erst die Wirklichkeit, die sie zu bewerten vorgibt. Die Methode definiert den Gegenstand, das Objekt der Messung. Die in messbare Standards übersetzte „Kompetenzen" sind also Methodenartefakte.

Damit sind wir bei der grundlegenden Positivismuskritik angelangt. Für die Kompetenzenpädagogik gilt nämlich das, was Karl Popper als Positivismuskritik und als Reduktionismus formuliert hat. Bildung wird durch deren Operationalisierung verarmt. Man nennt das auch die normative Wirkung der Empirie. Dabei räumen die PISA-Autoren selbst ein, dass die PISA-Tests „ein didaktisches und bildungstheoretisches Konzept mit sich führen, das normativ ist".

Wie soll das zumal in der Förderpädagogik funktionieren!?

7. Zur Beschleunigungs-Falle

Bildung braucht Zeit! Allerdings droht das Volk der Dichter, Denker und Pädagogen bildungspolitisch in die Falle eines Beschleunigungs- und Frühförderwahns zu tappen – des Wahns nämlich, alle sog. Bildung in kürzester Zeit vermitteln und damit möglichst schon im Mutterleib starten zu sollen. „Mozart schon im Mutterleib" scheint angesagt, um kurz danach in FasTrackKids-Kindergärten einzumünden (Fast-Track = Überholspur.)

Über all dem bildungspolitischen Beschleunigungswahn scheint ein Gott namens Velozifer zu thronen, der Gott der rasenden Geschwindigkeit: „veloziferisch" – es war Goethe, der dieses Kunstwort prägte: Dabei steht „velocitas" für Eile und „lucifer" für den Gott des Lichts bzw. den gefallen Erzengel.

Gewiss soll der Mensch etwas machen aus seiner Zeit und sie keineswegs vergeuden. Aber muss man ständig über ein Zuwenig an Zeit oder über Zeitverschwendung jammern? Schließlich haben Menschen heute doch immer mehr Zeit: Die Lebenserwartung steigt unvermindert an. Die Arbeitszeit hat sich binnen hundert Jahren zugunsten der „Frei"-Zeit fast halbiert. Die Informationsbeschaffung hat sich dramatisch beschleunigt. Wir haben pro Familie immer weniger Kinder, um die man sich kümmern muss. Reisen und Transporte dauern nur noch einen Bruchteil der früheren Reisezeit. Wir haben damit einen Gewinn an Zeit, und deshalb hätten wir eigentlich immer mehr Zeit für Kulturelles und für Bildung, für Muse und für Muße.

Jetzt aber das Paradoxe: Wir haben immer mehr Zeit, aber die Zeit wird uns – hausgemacht – immer knapper. Wir sind, ob jung oder alt, zu Simultanten geworden (nicht zu verwechseln mit Simulanten) – Simultanten, die alles Mögliche simultan tun wollen, um Zeit zu gewinnen und um ja nichts zu versäumen. Die Folge ist eine hochgradige Zeitneurose in Form eines pathogenen „multi-tasking".

Wir haben uns einem rasenden Stillstand ausgeliefert und damit den Zustand einer Stagnation durch vermeintliche Innovation erreicht. Joseph Weizenbaum spricht von „Stagnovation". Damit sind wir bei einem Zustand angekommen, in dem – wie beim Herzflimmern – das hektische Oszillieren von einem totalen Stillstand nicht mehr zu unterscheiden ist.

Es ist auch falsch, Zeit nur physikalisch als „Leistung ist gleich Arbeit je Zeiteinheit" zu betrachten. Ebenso falsch ist es, Zeit nur ökonomisch nach dem Grundsatz „time is money" zu betrachten. Für den Bereich der Förderpädagogik geht das ja schon gleich zweimal nicht!

Es geht um etwas anderes: Zeit haben heißt Weile haben. Als lange Weile (Langeweile) kennen wir sie in zwei Ausprägungen:

- Als niedere Langeweile ist sie oft ätzend, macht sie aggressiv, vermittelt das Gefühl der Verlorenheit, „vermittelt" nicht selten ein Sinnvakuum. In der Folge kann sich eine schmerzliche Selbstbezogenheit bis hin zur Hypochondrie einstellen. Es kann sich daraus auch ein zielloser Konsumismus ergeben. Folge: „Wir amüsieren uns zu Tode", wie Neil Postman in seinem Buch gleichen Titels nachwies.
- Es gibt daneben die „hohe" Langeweile, die den Menschen erst zum Menschen macht. Diese Langeweile brauchen wir und unsere Kinder.

Hohe Langeweile kann eine kreative Kraft sein. Deswegen braucht der Mensch, gerade auch der junge, neben der „vita activa" die „vita contemplativa", das Zurücklehnen; das hat etwas enorm Konstruktives. Viele Erfindungen der Menschheit gäbe es nicht, wenn die Menschen aus Faulheit nicht Erfindungen gemacht hätten, die ihnen die Arbeit erleichtern und die das Faulsein ermöglichen; man denke an Roboter oder Haushaltsautomaten.

Es sei also gerade auch für die Pädagogik eine Lanze gebrochen für Müßiggang, ja für Faulheit. Sie ist oft ein letztes Ich-Fenster, aus dem wir – noch unbeeindruckt vom „chillen" und „entertainment" – in die Welt schauen können. Deshalb sollten die Menschen gelegentlich zur Notbremse greifen und ihr Da-Sein ent-schleunigen, damit es kein bloßes Bis-Sein, kein bloßes Schielen auf Fristen und Termine wird.

Jung und Alt brauchen Entschleunigungsinseln: nicht zum Rumhängen, Rumlungern – sondern zum Nachdenken, Lesen, Erzählen, Erzählen lassen. Damit streckt man die Zeit.

„Die Kunst sich selbst auszuhalten" – das ist nicht nur der Titel eines sehr lesenswerten Bändchens des Münchner Philosophieprofessors und Jesuiten Michael Bordt. Verstehen wir diesen Titel vielmehr als Erziehungs- und Bildungsauftrag! Damit unsere jungen Leute nicht mit Ödön von Horváth sagen müssen: „Ich bin eigentlich ganz anders, aber ich komme so selten dazu."

Und was besonders wichtig ist: Wir brauchen Bildung statt Nützlichkeitswahn!

Bildung hat einen zweifachen Auftrag:
- Sie hat Nützliches und Verwendbares zu vermitteln,
- und sie hat persönliche und kulturelle Identität zu fördern.

Beide Zielsetzungen sollten sich die Waage halten.
Tun sie aber nicht. Das Gleichgewicht
- zwischen Bilanzierung und Freiraum,
- zwischen Verwertungsdenken und Bildungsauftrag,
- zwischen Ökonomie und Kultur,
- zwischen Zielstrebigkeit und Entschleunigung ... ist weg.

Das Volk der großen Dichter, Denker und Pädagogen droht bildungspolitisch in die Falle des Nützlichkeitsdenkens und des Wahns zu tappen, alles an Bildung messen und in kürzester Zeit vermitteln zu können. Mit solchen Denkansätzen aber droht eine planwirtschaftliche Verarmung von „Bildung": Bildung ist das, was PISA misst, die OECD an sog. Akademikerquoten vorgibt und was schnell geht, so scheint es.

Allgemeine Schulpädagogik koppelt sich damit immer noch mehr ab von Förderpädagogik.

Mit PISA ist der bildungspolitischen Debatte jedenfalls jede pädagogische Anthropologie abhanden gekommen. Zu einer solchen Anthropologie würde die Betrachtung des Menschen als „homo faber" und als „homo ludens" gehören. Beide Daseinsformen ergänzen sich. Das Spiel ist Grundkategorie des Menschlichen, es ist zugleich kultur- und persönlichkeitsbildend. „Der Mensch spielt nur, wo er in voller Bedeutung des Wortes Mensch ist, und er ist nur da ganz Mensch, wo er spielt." So heißt es bei Schiller im 15. Brief „Über die ästhetische Erziehung des Menschen" (1793). Für Nietzsche ist das Spiel als Kunst sogar lebensnotwendig: Wir haben die Kunst, damit wir am Leben nicht scheitern.

Bildung kann ansonsten nicht für andere Zwecke instrumentalisiert werden, sonst ist sie „nur" Qualifizierung. Deshalb dürften sich die Bildungsakteure einmal das bildungspolitische Papier der Deutschen Bischofskonferenz (DBK) und der Evangelischen Kirche in Deutschland (EKD) von 2000 hervorholen. Es trägt den Titel „Tempi – Bildung im Zeitalter der Beschleunigung". Darin wird Kritik geübt an einem „Totalitarismus neuen Typs", nämlich dem „subjektlosen Funktionalismus", der auch die Bildung erobere. Mit anderen Worten: Gerade das „unnütze" Wissen macht den Menschen zum Menschen: egal ob er behindert, nicht behindert oder vermeintlich nicht behindert ist.

Ganz zum Schluss noch ein mir wichtiger Gedanke –
Behindert oder nicht behindert zu sein ist ein Ausdruck großer Ungleichheiten. Solche Ungleichheiten – so ein Postulat von John Rawls – sollten wir aushalten, aber auch so ausgestalten, dass sie jedermanns Vorteil dienen (Rawls: Theorie der Gerechtigkeit, 1975). Dann kann Ungleichheit gerecht sein – nämlich dann, wenn das Handeln der Starken, auch das Handeln von Eliten zu einem Mehrwert („inequality surplus") führt. Allein aus diesem Grund dürfen die Stärkeren nicht gebremst werden, denn man macht die Schwächeren nicht stärker, indem man die Stärkeren schwächt.

Allen Mitgliedern einer Gesellschaft, auch den gutsituierten, ist indes eine Kultur des Respekts gegenüber jedermann abzuverlangen – auch gegenüber den Klienten des Sozialstaates und zumal gegenüber Benachteiligten. (Vgl. Richard Sennett 2002 und 2007.)

Der Mensch zählt nicht erst, wenn er Abitur hat.

Für Inklusion aber gilt: Sie ist ein gesamtgesellschaftliches Sisyphos- und Mammutunternehmen,
- bei dem es um die gleiche Wertschätzung von Behinderten wie um die Wertschätzung eines jeden anderen Menschen geht;
- bei dem es um eine Steigerung der Teilhabe, etwa durch einen Abbau von Barrieren und durch wohnortnahe Bildung, geht;
- bei dem es nicht um ein „Alles oder Nichts" bzw. um ein „Entweder – Oder" geht, sondern um ein „Sowohl – Als auch";
- bei dem man umso erfolgreicher ist, je weniger dogmatisch die Lösungen sind.

Jo Jerg
Respect me –
Formen der Anerkennung und ihre Bedeutung für inklusionsorientierte Entwicklungen im Bereich Leben mit Behinderung

Im folgenden Beitrag sollen zwei Denkansätze zu Anerkennung (Honneth) und Respekt (Sennett) vorgestellt werden, die Anregungen geben können, wie inklusionsorientierte Entwicklungen und inklusive Schritte in der Praxis der Begleitung von Menschen, die sich im Wirkungsraum der „Behindertenhilfe" bewegen, zu realisieren sind.

I. Inklusionsverständnis

Inklusion beginnt in den Köpfen! – Ohne eine andere „Denke" bzw. ein anderes Denkgebäude werden keine neuen Entscheidungsgrundlagen und somit auch keine anderen Strukturen für inklusionsorientierte Entwicklungen geschaffen. Vor diesem Hintergrund ist die Sensibilisierung und Bewusstseinbildung ein zentrales Anliegen bei der Vorstellung, eine Inklusionsorientierung und eine Öffnung der Regelangebote in allen Lebensbereichen herbeizuführen.

Inklusion wird im folgenden Kontext unter dem inklusionspädagogischen Paradigma und somit unter einer normativen Konnotation fokussiert und an vier zentrale Aspekte eines internationalen Diskurses gebunden (vgl. Hinz 2004: 46f):
- In gemeinsam gestalteten Bildungs- und Lebensräumen sowie im Arbeitsleben miteinander zu lernen, zu arbeiten, zu wohnen etc., ist ein Menschenrecht. Daraus ergibt sich eine Orientierung gegen jegliche Form der Diskriminierung und Marginalisierung.
- Inklusion versteht menschliche Vielfalt als etwas Positives und zielt darauf ab, ein konstruktives Zusammenleben mit- und nebeneinander zu realisieren.
- Inklusion bezieht sich auf den Abbau von Barrieren: z. B. vorhandene

Ordnungen von Behinderung und Nichtbehinderung als das Unterscheidungsmerkmal zu überwinden und einzelne Merkmale wie Behinderung, Geschlecht, Religion, ethnische Herkunft usw. von Bewertungen zu entgrenzen.
- Inklusion ist eine gesamtgesellschaftliche und weltweite Entwicklungsperspektive und nicht beschränkt auf pädagogische Wirkungsräume bzw. ist keine Pädagogik.

Inklusion aus dieser Perspektive ist somit eine Frage der gleichberechtigten Teilhabe und Selbstbestimmung und basiert wesentlich auf den Menschenrechten und auf der Würde des Menschen. Inklusion ist eine Frage des Zugangs zu Teilsystemen wie z. B. Bildungssystem, Wirtschaftssystem, Rechtssystem in einer Gesellschaft, in der die jeweiligen Zugangsbedingungen entscheidend sind, um die Möglichkeit zu haben, dazuzugehören. Vor diesem Hintergrund ist Inklusion immer auch eng verbunden mit Zugehörigkeit und Anerkennung.

II. Anerkennung – die Luft zum Atmen

Eine erste Antwort, was Anerkennung meint, zeigt die Definition im Duden. Hier sind schon die drei Formen der Anerkennung, um die es im Folgenden gehen wird, angedeutet:
Wertschätzung und Rückmeldung des Anderen, eine rechtliche Anerkennung und allgemeine Akzeptanz:

1. Würdigung, Lob, Achtung, Respektierung
2. a) (offizielle) Bestätigung, Erklärung der Gültigkeit, der Rechtmäßigkeit
   b) Billigung, Zustimmung" (Duden)

Honneth definiert Anerkennung als einen wechselseitigen Prozess, als „die wechselseitige Beschränkung der eigenen, egozentrischen Begierde zugunsten des jeweils Anderen." (Honneth 2010: 32).

Viele Autoren sehen in der Anerkennung eine zentrale Dimension des menschlichen Lebens.

Ricoeur spricht vom Verlangen nach dem (An-)Erkanntwerden (vgl. Ricoeur 2006).[1] Für Charles Taylor ist „Anerkennung [ist] ein menschliches Bedürfnis" (Taylor 1993: 15). Und trotzdem geizen viele Menschen mit Anerkennung. Gerade hierzulande gilt das Motto: „Lob ist, wenn niemand meckert" oder „Wenn man nichts sagt, ist auch schon Lob ausgesprochen". Nichtanerkennung kann Leiden verursachen (vgl. ebd.: 14). Dahinter steht oftmals auch ein Verkennen bzw. Nichterkennen der Leistungen und Fähigkeiten sowie der Bewältigung von schwierigen Lebensbedingungen. Wo die Anerkennung fehlt, hinterlässt dies Spuren, die den Zweifel an der eigenen Person/den eigenen Fähigkeiten nähren. Siegrist geht z. B. davon aus, dass emotionaler Stress vor allem dann entsteht, „wenn es eine Kluft gibt zwischen großer Anstrengung und geringer Anerkennung. Das größte Risiko für ein Burn-out ist demnach nicht die viele Arbeit, sondern das Gefühl, sich immerzu anzustrengen, ohne etwas dafür zu bekommen." (Siegrist zitiert nach Zeug 2013)

Die folgenden Ausführungen beziehen sich auf Axel Honneth, der sich ausführlich mit Formen der Anerkennung und Nicht-Anerkennung beschäftigt hat (vgl. Honneth 1994).

Kampf um Anerkennung – Strukturen der Anerkennung
Axel Honneth unterscheidet drei Formen der wechselseitigen Anerkennung, die auf ganz unterschiedlichen Ebenen für jeden selbst, aber auch durch das Verhalten von anderen bedeutsam sind. Diese verschiedenen wechselseitigen Anerkennungsformen sind unterschiedlichen gesellschaftlichen Reproduktionssphären zuzuordnen und gehen auf Ausführungen u. a. von Hegel zurück: „Hegel unterscheidet in seiner politischen Philosophie schon bald zwischen Familie, bürgerlicher Gesellschaft und Staat" (Honneth: 151). Verschiedene Philosophen und Soziologen kommen auf ähnliche drei Unterscheidungsformen: „…es liegt offenbar auf der Hand, Formen der sozialen Integration danach zu unterscheiden, ob sie auf dem Weg emotionaler Bindungen, der Zuerkennung von Rechten oder der gemeinsamen Orientierung an Werten zustande kommt" (ebd.: 152).

---
1 Verzichtet wird hier auf eine Herkunftserklärung des Begriffs sowie auf eine weitere Erläuterung der unterschiedlichen Stufen, die im Wort Anerkennen enthalten sind – kennen – erkennen – anerkennen, die Ricoeur ausführlich bearbeitet (vgl. Ricoeur 2006).

Die Darstellung der drei verschiedenen Ebenen der **Anerkennung – Liebe, Recht und Solidarität** – ist im Folgenden auf drei Aspekte begrenzt: Anerkennungsformen, Anerkennungsweise und Praktische Selbstbeziehung. Dabei gilt es zu bedenken, dass diese Trennung theoretisch vorgenommen wird. In der Praxis sind die Ebenen miteinander verwoben und beeinflussen sich wechselseitig. Eine Person, die keinen BürgerInnen-Rechtsstatus hat, wird Schwierigkeiten bei der Anerkennung ihrer/seiner Fähigkeiten bekommen, u. a. aufgrund der fehlenden Arbeitserlaubnis.

Liebe/Freundschaft und Selbstvertrauen
Unter Liebe werden alle wichtigen Beziehungen verstanden, „soweit sie nach dem Muster von Paarbeziehungen, Freundschaften und Eltern-Kind-Beziehungen aus starken Gefühlsbindungen zwischen wenigen Personen bestehen."… „Für Hegel stellt die Liebe deswegen die erste Stufe der reziproken Anerkennung dar, weil sich in ihrem Vollzug die Subjekte wechselseitig in ihrer konkreten Bedürfnisnatur bestätigen und damit als bedürftige Wesen anerkennen: in der reziproken Erfahrung liebevoller Zuwendung wissen beide Subjekte sich darin einig, dass sie in ihrer Bedürftigkeit von jeweils anderen abhängig sind" (Honneth: 153).

Greifbar wird diese Wechselwirkung z. B. an einem Säugling/Kleinkind: „Untersuchungen von John Bowlby führten zu dem Ergebnis, dass der menschliche Säugling schon in seinen ersten Lebensmonaten eine aktive Bereitschaft zur Herstellung interpersonaler Nähe entwickelt, welche die Basis für alle späteren Formen von emotionaler Bindung abgibt." (ebd.: 156).

Nach Winnicott ist das Kleinkind in den ersten Lebensmonaten sehr stark auf die Unterstützung der Mutter bzw. der Eltern angewiesen. „Die Fürsorge, mit der die Mutter den Säugling am Leben erhält, tritt nicht als etwas Zusätzliches (Sekundäres) zum kindlichen Verhalten hinzu" (Winnicott in Honneth: 158).

Dieses Verschmolzen-Sein/diese Symbiose beinhaltet eine gegenseitige Abhängigkeit. Der Weg zu einem selbstständigen Wesen wird in drei Phasen beschrieben:
1. Die Phase der vollständigen Abhängigkeit
2. Die Phase der relativen Abhängigkeit, in der das Kind die „Differenzierung vom eigenen Ich und der Umwelt" herbeiführt (Übergangsphänomene/ Bedeutung der Bindung)

3. Die Phase der „Fähigkeit zum Alleinsein" ist der „praktische Ausdruck einer Form der individuellen Selbstbeziehung, wie sie Erikson unter dem Titel des „Selbstvertrauens" zusammengefasst hat; das Kleinkind gelangt dadurch, dass es sich der mütterlichen Liebe sicher wird, zu einem Vertrauen in sich selber, das es ihm ermöglicht, sorglos mit sich allein zu sein." (ebd.: 158)

Was der Aspekt der Liebe für eine Inklusionsorientierung bedeuten kann, soll an einem Beispiel veranschaulicht werden. Der Einstieg in das Leben ist für Menschen mit Beeinträchtigungen im Gegensatz zu vielen anderen Menschen stark von Unsicherheiten des Umfeldes und erhöhten Abhängigkeiten geprägt. Diese Unsicherheiten, die nicht selten auch mit Ängsten verbunden sind, werden dem Kind bewusst oder weniger bewusst gespiegelt bzw. sind Begleiter von Interaktionen im Umfeld und Alltag des Kindes.

Deshalb kann der Weg zum Selbstvertrauen – also die Fähigkeit zum Alleinsein – erschwert sein. Das ist bis in die Lebenswelten im Erwachsenenalter zu spüren und hat auch eine besondere Bedeutung für das Erwachsenwerden, für die Ablösung von zuhause, z. B. durch einen Wechsel im Wohn- bzw. Arbeitsbereich. Die wichtigen Beziehungen sind für diese Zielgruppe in der Regel die Eltern oder das pädagogische Personal in Einrichtungen – also Erwachsene –, weniger gleichberechtigte Partnerschaften, Gleichaltrigen-Beziehungen, die z. B. die Möglichkeit bieten, unabhängige Räume zu erobern und eigene Lebenswelten zu schaffen.

Selbstvertrauen zu entwickeln ist ein schwieriges Unterfangen und deshalb ist es in späteren Lebensphasen nicht so einfach, diese Sicherheit zu erlangen. Die Unsicherheit, die in der ersten Lebensphase vermittelt wird und die in vielen Situationen auch nicht zu umgehen ist, schafft einen besonderen Lebenseinstieg für einen großen Teil von Kindern mit Behinderungen. Der Schutz und die Sicherheit/Geborgenheit im Lebensalltag sind deshalb von besonderer Bedeutung (Partnerschaften). Hier sind Eltern in den ersten Monaten und Jahren noch oft allein gelassen und brauchten Anerkennung für ihre Lebenssituation, die sich wiederum auswirken würde auf die Zuversicht in der Beziehung mit dem Kind.

Im Alltag zeigt sich dieses besondere Liebes- und Freundschaftsverhältnis:
- es ist prägend in der Beziehung zwischen Eltern und Kind, die durch das Verhältnis von Abhängigkeit und Distanz/Selbstbestimmung stark strukturiert wird. Zum Beispiel einen Pflegebedarf zu haben, ist immer verbunden mit dem Angewiesen-Sein auf die engen Beziehungen wie z. B. zu den Eltern. Dies lässt nicht einfach zu, eine Abgrenzung oder Distanz zu leben.
- In vielen Interviews mit Eltern wird sichtbar, dass der Kampf der Eltern um Anerkennung und Zugehörigkeit ein Alltag ist, der seit Jahrzehnten einen alltäglichen Kampf gegen Ausgrenzung bedeutet, wenn Eltern inklusive Situationen für das eigene Kind haben möchten.
- Die Fokussierung auf „Behinderung" von früh an, schafft eine Begrenzung der Kinder, die von Eltern als stigmatisierend, abwertend und kaum zu ertragen erlebt wird. Ein Misstrauen gegenüber dieser Besonderung und defizitorientierten Perspektive ist die Folge. Deshalb wird das Vertrauen von Professionellen gegenüber dem Kind und zu der gleichwertigen Teilhabe des Kindes zum Maßstab für vertrauensvolle Beziehungen für die Eltern (vgl. Jerg 2014).

Nicht nur das Maß, auch die Art der Anerkennung, nach der Menschen suchen, ist unterschiedlich (vgl. Schütz 1998). Viele Kinder, die vor allem für ihre Leistungen geschätzt werden, behalten diese Verknüpfung ihr ganzes Leben lang. Sie fühlen sich nur wertvoll, wenn sie Erfolg haben. Andere lernen, dass sie nur gemocht werden, wenn sie schön sind oder sich kümmern.

„Je nachdem was wir erfahren haben, konzentrieren wir uns bei der Suche nach Bestätigung oft auf einzelne Bereiche wie Karriere, Beziehungen oder Attraktivität" (Schütz zitiert nach Zeug 2013). Die Erinnerung an die eigene Biografie, an Anerkennung und Praxis der Anerkennung kann folgende Fragen berühren: Welche Anerkennung haben Sie von Ihren Eltern erfahren, wenn Sie sich zurückerinnern? Welche Anerkennung bekommt ein Kind mit hohem Assistenzbedarf von seinen Eltern?

Rechte haben und Rechte bekommen
Eine weitere Form der Anerkennung ergibt sich über Rechte, die Menschen in Gesellschaften haben. Rechte und Rechtsprechung sind immer an die historisch sich verändernde Rechtsauffassung gebunden. Sichtbar wird dies z. B.

an den Veränderungen im Sozialgesetzbuch bezüglich Selbstbestimmung und Teilhabe oder an der bundesweiten Einführung des „Persönlichen Budgets". Diese gesetzlichen Bestimmungen geben Menschen Grundlagen und Rahmenbedingungen für die Lebensgestaltung.

Rechte sind allgemeingültige Regeln, Vereinbarungen, die Ansprüche beinhalten, aber auch Grenzen setzen. Voraussetzung dabei ist, dass der/die Einzelne als Träger/in von Rechten ein Wissen darüber haben muss, welche gesetzlichen Verpflichtungen er/sie gegenüber dem/der jeweils anderen einzuhalten hat. Wenn das nicht gegeben ist, kann sich der/die Einzelne nicht darauf verlassen, dass Ansprüche/Rechte eingehalten werden.

Das Rechtssystem wird heute so verstanden, dass für alle Gesellschaftsmitglieder die gleichen Rechte gelten und ihm die Idee der Gleichheit, der vollwertigen Mitgliedschaft in einer Gesellschaft zugrunde liegt, „so dass es seinem Anspruch nach keine Ausnahmen und Privilegierungen mehr zulassen darf." (ebd.: 177). Jeder/jede ist vor dem Gesetz gleich und hat die gleichen Rechte: „…Menschen als eine Person anerkennen können, ohne ihn in seinen Leistungen oder seinen Charakter wertschätzen zu müssen" … „Daher verträgt die rechtliche Anerkennung eines Menschen als Person keine weitere Abstufung" (ebd.: 181). Rechtliche Anerkennung erfordert eine Form der Achtung, die jede/jeden als Person unterschiedslos zu anderen Personen als wertvoll respektiert. Mit dieser Anerkennung ist die Entwicklung einer Selbstachtung verbunden, die von Menschen, die diese Anerkennung bekommen, oft nicht bewusst wahrgenommen wird. Asylbewerber z. B. leben in einem Status, der die Nicht-Anerkennung von Rechten und deren Folgen sehr eindrücklich erkennen lässt.

Ein Beispiel für diese Anerkennung aus den Lebenswelten von Menschen mit Behinderungserfahrung ist das (fast) uneingeschränkte Recht auf eine inklusive Beschulung (UN-BRK). Dadurch bekommen Eltern zunächst die gleichwertige Anerkennung ihres Kindes, aber auch die Zugehörigkeit der Familie zur „Schule um die Ecke" und bei der Umsetzung der UN-Konvention in die Schulgesetzgebung eine rechtliche Absicherung.

Ein anderes Beispiel aus der Erwachsenenwelt ist der eigene Mietvertrag in einem privaten Mietverhältnis. Als Mieter/in bin ich ein/e Partner/in – ein/e Bürger/in auf Augenhöhe, die/ der bestimmte Rechte, aber dann auch bestimmte Pflichten hat. Der eigene Name steht auf der Klingel, es gibt dazu einen eigenen Briefkasten und ich bin den anderen Hausmietern/ -mieterinnen gleichgestellt.

Im Grunde sind die Rechte in Deutschland für eine inklusionsorientierte Ausrichtung von Unterstützungsleistungen für benachteiligte Gruppen verfasst. Die Würde des Menschen ist unantastbar. Diese Grundlage des Grundgesetzes ermöglicht eine Inklusionsorientierung. Die UN-BRK hat seit der Ratifizierung 2009 in Deutschland Aufmerksamkeit erzeugt, den Inklusionsgedanken in einen breiten gesellschaftlichen Raum getragen und dazu beigetragen, dass an manchen Orten ein Wandel bzw. ein Umdenken beginnt. Während in vielen Diskursen Inklusion als eine Gnade der Pädagogen/Pädagoginnen begriffen wird, wächst die Gruppe derer, die eine Inklusionsausrichtung von Angeboten als ein Menschenrecht sehen.

Dabei ist das Spannungsfeld zwischen Recht und Alltag noch groß. Recht haben und Recht bekommen ist halt zweierlei in vielen gesellschaftlichen Sphären. Eine zentrale Aufgabe inklusionsorientierter Sozialer Arbeit bzw. Bildungsarbeit besteht in der Aufgabenstellung, Menschen mit Behinderungserfahrungen zu ihrem Recht zu verhelfen.

Solidarität – sich gegenseitig stärken

Der dritte Aspekt der Anerkennung bezieht sich auf die Mitglieder in der Gesellschaft. Neben den Liebesbeziehungen und engen Freundschaften, die sich auf wenige Personen begrenzen, sind die Beziehungen zu den restlichen gesellschaftlichen Mitgliedern nach Honneth wie folgt strukturiert:

„…um zu einem ungebrochenen Selbstverhältnis gelangen zu können, bedürfen Menschen (…) über die Erfahrung von Gefühls-Zuwendung und rechtlicher Anerkennung hinaus stets auch noch einer sozialen Wertschätzung, die es ihnen erlaubt, sich auf ihre konkreten Eigenschaften und Fähigkeiten positiv zu beziehen" (ebd. 196). Das meint, die soziale Wertschätzung gilt „den besonderen Eigenschaften, durch die Menschen in ihren persönlichen Unterschieden charakterisiert sind…" (ebd. 197).

Die Grundlagen dieser sozialen Wertschätzung entstehen aus den kulturellen Quellen einer Gesellschaft. Ein Orientierungsrahmen, in dem die (ethischen) Werte und Ziele formuliert sind, spiegelt sich im kulturellen Selbstverständnis einer Gesellschaft: „Das kulturelle Selbstverständnis einer

Gesellschaft gibt die Kriterien vor, an denen sich die soziale Wertschätzung von Personen orientiert, weil deren Fähigkeiten und Leistungen intersubjektiv danach beurteilt werden, in welchem Maße sie an der Umsetzung der kulturell definierten Werte mitwirken können; insofern ist diese Form der wechselseitigen Anerkennung auch an die Voraussetzung eines sozialen Lebenszusammenhanges gebunden, dessen Mitglieder durch die Orientierung an gemeinsamen Zielvorstellungen eine Wertgemeinschaft bilden." (ebd.: 198). Damit verbunden ist die zentrale Frage, welche gemeinsamen Ziele und Werte in dem Gemeinwesen zusammengetragen werden und wie die Fähigkeiten und Leistungen von Menschen mit Behinderungserfahrungen wertgeschätzt werden. Soziale Wertschätzung und die daraus entstehende Selbstschätzung meint, dass jede/jeder die Chance erhalten sollte,
„sich in seinen eigenen Leistungen und Fähigkeiten als wertvoll zu erfahren" (ebd.: 210).

Klaus Dörner hat die Frage nach Solidarität bzw. sozialer Wertschätzung verbunden mit dem Bild „Bedeutung für andere zu haben" (vgl. Dörner 2003). Eine inklusionsorientierte Entwicklung könnte darauf einwirken, dass
a) vielfältige Rollen im Alltag eingenommen werden können (mehr als ein/eine Hilfeempfänger/in zu sein!), z. B. als Nachbarin, in der Rolle der Kundin, die jeden Tag in der Bäckerei einkaufen geht und zum Lebensunterhalt der Besitzer beiträgt;
b) die Fähigkeiten des/der Einzelnen entdeckt werden, da diese Ressourcen nicht selten im Verborgenen liegen;
c) ein anderer Leistungs- und Arbeitsbegriff notwendigerweise entwickelt und gesellschaftlich etabliert wird.

Bekannte Beispiele, exemplarisch sei der Schriftsteller Georg Paulmichl genannt, zeigen, wie entscheidend es ist, dass Professionelle die Stärken und besonderen Fähigkeiten von Menschen entdecken. UnterstützerInnenkreise können hier ein kreatives Milieu bieten und z. B. für eine Frau, deren Aktivitäten im Förder- und Betreuungsbereich permanent stören, eine Arbeit finden wie z. B. Aktenvernichtung, die situativ statt als Störung in einer Werkstatt vielmehr als Kompetenz im Büro wahrgenommen und geschätzt wird. Dies kann so weit gehen, dass z. B. eine Rechtsanwaltskanzlei eine stundenweise Einbindung dieser Person zur Aktenvernichtung als einen sozialen Klimawechsel erfährt und dadurch ein anderer Lebensweltbezug erzeugt wird, der von allen Beteiligten als bereichernd erfahren wird.

Hörster und andere unterziehen die Anerkennungstheorie von Honneth einer kritischen Betrachtung. Ein Grundproblem bei Honneths Grundkonstellation liegt in der Schwierigkeit, als Andere/r nicht in ihrer/seiner Andersartigkeit per se anerkannt zu werden, sondern die Anerkennung vielmehr durch Andere nur auf der Grundlage zu erhalten, Leistungen zu erbringen.

Anders ausgedrückt: jemand muss Fähigkeiten besitzen, um als „wertvoll" anerkannt zu werden. Dies ist ein essenzielles Problem
(vgl. Hörster 155f).

Die Frage nach einer bedingungslosen Anerkennung ist in der radikalen Befragung der Ethik berechtigt. Wie diese bedingungslose Anerkennung zu erreichen ist, bedarf einer grundlegenden Neuorientierung in der Daseinsfürsorge. Ein erster großer Schritt könnte eigentlich schon darin liegen, die Fähigkeiten bei Menschen zu entdecken, die auf den ersten Blick offensichtlich keine zu haben scheinen.

Diesen Anerkennungsformen Raum zu geben im professionellen Alltag, ist auch verbunden mit einer Erweiterung bzw. Veränderung der Aufgaben. Eine vermittelnde Funktion der pädagogischen Profession zwischen den Lebenswelten gewinnt neben der notwendigen Fürsorge an Bedeutung (vgl. Hafeneger: 56). Damit verbunden sind hohe Anforderungen:
„Soziale Achtung und Wertschätzung sowie Respekt vor einer Person in ihrem Gewordensein, mit ihren Eigenschaften und Fähigkeiten ist eine kognitive und moralische Herausforderung" (Hafeneger: 55).

Die Gegenseitigkeit und (Über-)Lebensnotwendigkeit der Anerkennung wahrzunehmen, kann mit einem Bild von Balint treffend gekennzeichnet werden: „Der Andere ist für mich wie die Luft zum Atmen" (Todorow: 74). Wir merken diese Notwendigkeit der Anerkennung in der Regel erst, wenn wir sie nicht haben bzw. nicht bekommen. Fehlende Anerkennung kann sich in Einsamkeit zeigen (vgl. Todorow: 75) oder in Anlehnung an Rousseau ausgedrückt: „es (gibt) kein menschliches Dasein ohne den Blick, den wir aufeinander richten" (vgl. Todorow: 104).

III. Respekt[2]

Als hilfreiche Ergänzung zu Honneths Anerkennungsformen kann die Auseinandersetzung über den respektvollen zwischenmenschlichen Umgang miteinander betrachtet werden. Was kann dazu beitragen, dass ein offenes Klima für inklusive Kulturen entsteht? Eine Anerkennungskultur oder eine Kultur des Respekts zu schaffen, könnte einen breiten Weg ebnen, damit alle Menschen die gleichen Chancen zur selbstständigen Lebensgestaltung und sozialen Teilhabe erhalten.

In seinem Buch „Respekt im Zeitalter der Ungleichheit" setzt sich Richard Sennett mit der Frage auseinander, wie sich Respekt zwischen Menschen und in Sozialstrukturen entwickeln bzw. herstellen lässt. Meines Erachtens formuliert er hier grundlegende Aufgaben, die in der Pädagogik bei der Suche nach Wegen aus der Ausgrenzung hilfreich sein könnten.

Sennett geht von drei Geboten der Moderne aus, in denen die Schaffung von Ungleichheit implizit enthalten ist: „Mach etwas aus dir selbst! Sorge für dich selbst! Hilf anderen!" (Sennett 2002: 315). In seinem Resümee kommt er dann zu der Auffassung, dass diesen Geboten begegnet und Ungleichheit verringert und somit der Respekt vergrößert werden könnte, wenn folgende drei Aufgaben beherzigt werden:
(1) die praktischen Leistungen der einzelnen Menschen würdigen,
(2) die Abhängigkeit auch im Erwachsenenalter wahrnehmen und
(3) die Menschen aktiv an den Bedingungen beteiligen, wie sie ihre Hilfe erhalten sollen (vgl. ebd.: 315).

Erster Schritt (1): Die Anerkennung der praktischen Leistungen
Diese Aufgabe erinnert an die Überlegungen von Georg Feuser über die Gestaltung eines gemeinsamen Lernens und Lebens vor ca. 30 Jahren, die unter dem Kurztitel „Lernen am gemeinsamen Gegenstand" heute noch Aktualität besitzen (vgl. Feuser 1996). Basis ist die Vorstellung, dass jedes Kind – ohne Ausnahme – mit seinen Fähigkeiten am gemeinsamen Leben und Lernen teilhaben kann. Auf mindestens zwei Ebenen könnten Wege beschritten werden:
Die individuellen Leistungen eines Menschen würdigen zu können, hängt

---
[2] Ausführliche Darstellung in: Jo Jerg 2009, Jerg 2005

davon ab, wie der/die Andere in seiner/ihrer Biographie und Lebenswelt gesehen und verstanden wird. Dabei entsteht die Schwierigkeit, einerseits das Fremde des/der Anderen zu akzeptieren und nicht kolonialisieren zu wollen und andererseits die Anforderung, kritisch zu reflektieren, inwiefern durch die Grenzen des Verstehens das Gegenüber begrenzt bzw. reduziert wird (vgl. Feuser 1996: 184).

Im Kontext von sozialen Strukturen gilt es, die gesellschaftlich produzierte Ungleichheit abzubauen. Sennett zitiert Tawney, der die Ambivalenz zwischen individuellen Unterschieden und sozial hergestellten Ungleichheiten thematisiert: „Wer Ungleichheit kritisiert und Gleichheit fordert, verfällt keineswegs, wie gelegentlich behauptet wird, der romantischen Illusion, die Menschen seien im Blick auf Charakter und Intelligenz gleich. Er glaubt vielmehr, dass die Menschen zwar in ihrer natürlichen Begabung große Unterschiede aufweisen mögen, dass es aber einer zivilisierten Gesellschaft geziemt, Ungleichheiten zu beseitigen, die ihren Ursprung nicht in individuellen Unterschieden, sondern in der (sozialen) Organisation haben." (Tawney, zit. n. Sennett 2002: 316).

Gerade diese Aufforderung, die sozialen Organisationen ins Blickfeld zu rücken und die Hindernisse zu beseitigen, die strukturell ungleiche Chancen produzieren, könnte einen Beitrag dazu leisten, an den individuellen Fähigkeiten anzuknüpfen.

Sehr zugespitzt formuliert Sennett (2002: 15), dass unter monetären Gesichtspunkten Respekt nichts kostet und trotzdem ein „knappes Gut" zu sein scheint. Und weiter: „Wer Schwachen oder Außenseitern Autonomie zubilligt, der belässt ihnen ihre Würde. Und dadurch stärkt man zugleich den eigenen Charakter." (Sennett 2002: 317) Autonomie wird verstanden als die Fähigkeit, dem/der Anderen seine/ihre Fremdheit zu lassen.

Diese Aussagen klingen einleuchtend, sind aber nicht so leicht zu leben, weil es vielfältige psychische und soziale Gründe gibt, die Abgrenzungen spiegeln, u. a. weil die Konkurrenz zu anderen im Wege steht.

Zweiter Schritt (2): Die Anerkennung der Abhängigkeit
Abhängigkeiten in Lebensphasen der Kindheit und des Alters sowie bei Menschen in besonderen Lebenslagen werden wahrgenommen. Jedoch bestehen in allen Daseinsformen – auch im Erwachsenenalter – Abhängigkeiten von anderen (vgl. Sennett 2002: 315), so dass davon ausgegangen

werden kann, dass Menschen ohne die Unterstützung anderer nicht (über-)leben können (vgl. Jerg 2001: 7ff.).

Würden diese Abhängigkeiten im Erwachsenenalter bewusster wahrgenommen und respektiert werden, würden sogenannte nicht-behinderte Menschen eher in der Lage sein zu erkennen, dass sie viel mehr mit Menschen verbindet, die mit dem Etikett „behindert" stigmatisiert werden, als sie bisher angenommen haben. Im Gegensatz zum alten Spiel der Ordnung mit den Kategorien „normal" und „behindert", könnte die Auseinandersetzung mit Abhängigkeiten die gemeinsame Ebene in der Heterogenität verdeutlichen bzw. die Bindung zwischen den Menschen herstellen oder zumindest Brücken bauen, die die gegenseitige Differenz zu akzeptieren helfen (vgl. Jerg/Lange 2005).

Abhängigkeiten erfordern die Unterstützung von anderen. Man braucht die Kooperation mit den anderen. Für Menschen mit hohem Assistenzbedarf gilt dies in besonderer Weise: Hahn (1994) hat in diesem Zusammenhang das Angewiesen-Sein als eine Gefahr des Machtmissbrauchs thematisiert und zu einer ständigen Reflexionsbereitschaft der Verhältnisse aufgerufen.

Aus einer anderen Perspektive könnte dies so formuliert werden, dass alle Menschen soziale Bedeutung für andere haben möchten (Dörner 2003: 73) und deshalb vielfältige Lebensbezüge die hergestellten Abhängigkeiten reduzieren.

Im Grunde thematisiert diese Verbindung die Auflösung der Zwei-Gruppen-Theorie „normal" versus „behindert". Sichtbar wird dies z. B. in der Praxis integrativer Wohngemeinschaften an dem von außen immer mit besonderer Aufmerksamkeit definierten hohen Assistenzbedarf von Menschen. In diesem gemeinsamen Lebensalltag von Menschen mit und ohne Behinderung verliert sich der Blick auf Behinderung, z. B. in der Ausprägung „Schwer-Mehrfachfach-Behinderung" einer Person. Dies hat wenig Bedeutung in alltäglichen Begegnungen und wird nur noch sichtbar bei der Assistenzplanung.

Dritter Schritt (3): Teilhabe an der Entwicklung von Hilfen
Die Menschen an den Bedingungen der Hilfe zu beteiligen, deckt sich mit Vorstellungen, Menschen mit Assistenzbedarf als „Experten/Expertinnen in eigener Sache" zu verstehen und verhindert, dass Menschen zu „Zuschauern ihrer eigenen Bedürftigkeit" (Sennett 2002: 213) werden. Um Teilhabeprozesse einzuleiten, bedarf es der Überlegung, ob auf dem Hin-

tergrund vielfältiger Erfahrungen – erinnert sei hier nur an die Analysen von Goffman (1973) zu „totalen Institutionen" und von Galtung (1975) zu „struktureller Gewalt", sowie an Foucaults (1976) Arbeit „Überwachen und Strafen" – nicht radikaler die institutionellen „Sonderangebote" in Frage gestellt werden müssen.

Klaus von Lüpke, der seit 40 Jahren Entwicklungen in der Behindertenhilfe maßgeblich mitentwickelt hat, kommt zu der folgenden Erkenntnis: „Selbst wenn Sondereinrichtungen, d.h. wenn die Mitarbeiterinnen und Mitarbeiter in diesen Einrichtungen durch persönliches Engagement und Partnerschaftlichkeit auch innerhalb unveränderter Machtstrukturen manches an Selbstbestimmung ermöglichen, manches an individualisierender Differenzierung entwickeln, manches an Vielfaltsgemeinschaften verwirklichen, wenn sie also wirklich Gutes tun, dann bedeutet dies immer noch: Gutes tun mit negativen Nebenwirkungen. Sondereinrichtungen betreiben mit allem Guten was Menschen in ihnen tun können, gerade wenn dies gut ist, eine derartige Entsorgung und Entfunktionalisierung des Gemeinwesens, dass dies der Gleichachtung von Menschen mit Behinderungen entgegenwirkt und gegen das tiefere Eigeninteresse der Gesamtgesellschaft verstößt." (Lüpke 1994: 44f.)

In den letzten 60 Jahren ist durch die gesonderte Förderung und Ausgrenzung von Menschen mit Assistenzbedarf die Verantwortung auf einzelne Institutionen übertragen worden. An diesen Orten sind Lebensgeschichten geschichtet und verdichtet und Verantwortung abgeladen bzw. den Professionellen aufgeladen worden. Die Trennung von Lebenswelten impliziert eine Kultur der Delegation von Verantwortung und verhindert eine gemeinsame Verantwortung im Gemeinwesen. Verantwortung auch im Sinne von: Antworten zu suchen für die Berücksichtigung schwieriger, individueller Lebenssituationen in inklusiven Situationen. Dies erfordert gemeinsame Anstrengungen.

Individuelle, flexible und mobile Assistenz, die sich an den Möglichkeiten und Wünschen des/der jeweiligen Einzelnen orientiert, benötigt Professionelle, die frei von institutionellen Zwängen und doch umfassend in ein Netzwerk des Gemeinwesens eingebunden sind. Das Gemeinwesen erscheint heute im Zuge der knappen öffentlichen Kassen als das Hoffnungsland, in dem die (ehrenamtlichen) Ressourcen warten, um abgerufen zu werden. Wie tragfähig und offen die Nachbarschaften und Netzwerke sind, ist je nach Belastung des Gemeinwesens unterschiedlich. Gemeinwesen dürfen nicht idealisiert werden, aber die Bedeutung des Lokalen auf dem Hintergrund der globalen Entwicklungen drängt überlebenswichtige Fragen auf: Was hält die Gesellschaft zusammen bzw. wo liegen die (Ver-)Bindungen in den Beziehungen?

Es bedarf neu gestrickter Netzwerke, weil die alten nicht mehr tragen – das gilt für viele Bürger/innen – Netzwerke, die auch Menschen mit Behinderungen mehrere Bezugssysteme bzw. Personen anbieten.

Was Menschen tagtäglich an Respekt, Anerkennung, Akzeptanz etc. erleben, ist sehr stark davon geprägt, welche Beziehungen zu anderen bestehen (Familie, Netzwerke, Gemeinwesen) und welche unterstützenden Systeme den Menschen zur Verfügung stehen.

Teilhabe in diesem Sinne als „an den Bedingungen der Hilfe beteiligt zu sein" heißt z. B., konsequent die Betroffenen selbstverständlich schon bei der Entwicklung von Wohnformen, der Entwicklung von Forschungskonzeption, von Tagungen sowie an allen folgenden Prozessen aktiv zu beteiligen. Ein hilfreiches Instrument kann dabei die „Persönliche Zukunftsplanung" sein, die die Expertin bzw. den Experten in eigener Sache in den Mittelpunkt stellt, aber in Zusammenhang mit und unter Einbeziehung ihres/ seines Unterstützer/innen-Kreises (im Gegensatz zu der fachkräftedominierten Hilfeplanung).

IV. Fazit

Diese drei Aufgaben von Sennett zu beherzigen erfordert, sich auf eine slow-motion einzustellen – eine Bewegung, die die Langsamkeit aushält und die die Dimension Behinderung/Assistenz, wie interkulturelle oder geschlechtsspezifische Fragestellungen, als ein Querschnittsthema begreift.

Während wir uns in der globalisierten Welt über Entschleunigungsprozesse freuen und die Entdeckung der Langsamkeit genießen können, geht es in Bezug auf die Entwicklung von inklusiven Kulturen um die Beschleunigung der Prozesse.

Zentral scheint es meines Erachtens zu sein, die sogenannten nicht-behinderten Mitmenschen in Regeleinrichtungen und im Gemeinwesen in Entwicklungsprozesse mit einzubinden und „Bewusstseinsbildung" (Schönwiese 2000: 27) zu betreiben, um Machtverhältnisse zu thematisieren, Alternativen zu entwickeln und Menschen konkret lebendige Lebenssituationen zuzumuten, damit eine bewusste, gewachsene Haltung gegenüber dem Anders-Sein und eine gegenseitige Anerkennung bzw. eine lebenswerte Gesellschaft entstehen können. Anders formuliert könnten wir auch von einer Demokratisierung gesellschaftlicher Systeme sprechen.

„Individuelle Freiheit kann nur das Ergebnis gemeinsamer Anstrengung sein (kann nur kollektiv gesichert und garantiert werden)" (Bauman 2000: 15).
Mit dieser Ambivalenz müssen wir leben, und die Wahrscheinlichkeit, dass wir für möglichst viele Menschen eine individuelle Freiheit garantieren können, ist umso höher, wenn wir mit den Menschen beginnen, die einen hohen Assistenzbedarf haben und die bisher außerhalb stehen.

(Im Moment läuft der begonnene Inklusionsprozess in die Richtung, dass „schwierige" Restgruppen übrigbleiben und damit der Inklusionsgedanke nicht realisiert wird, sondern eine Verschiebung der Grenzen zwischen den Kategorien „normal" und „behindert" erreicht wird.)

Anerkennung bewusst herzustellen und auf Respekt basierende Hilfen zu entwickeln, sind wesentliche Merkmale einer inklusionsorientierten Entwicklung. Diesen Weg zu verfolgen, ist eine große Herausforderung und beinhaltet grundlegende Veränderungen in Politik und Gesellschaft.

Václav Havels Aphorismus zur Hoffnung kann auf diesem langfristigen Weg und bei dem kontinuierlichen Prozess einen Halt geben:

"Hoffnung ist nicht die Überzeugung, dass etwas gut ausgeht, sondern die Gewissheit, dass etwas Sinn hat, egal wie es ausgeht."
(Václav Havel).

Literatur:

Bauman, Zygmunt 2000: Die Krise der Politik. Fluch und Chance einer neuen Öffentlichkeit, Hamburg.
Dörner, Klaus 2003: Die Gesundheitsfalle, München.
Duden – Die deutsche Rechtschreibung 2013, Berlin
Feuser, Georg 1996: Geistigbehinderte gibt es nicht! Projektionen und Artefakte in der Geistigbehindertenpädagogik. In: Geistige Behinderung 35, 1996, 18-25.
Foucault, Michel 1996: Überwachen und Strafen, Frankfurt.
Frehe, Horst 1990: Thesen zur Assistenzgenossenschaft. In: Behindertenzeitschrift LOS Nr.26/1990, 37.
Galtung, Johann 1975: Strukturelle Gewalt, Reinbek.
Goffman, Erving 1973: Asyle. Über die soziale Situation psychiatrischer Patienten und anderer Insassen, Frankfurt.
Hafeneger, Benno 2002: Anerkennung, Respekt und Achtung. In: Hafeneger, Benno / Henkenborg, Peter / Scherr, Albert (Hrsg.): Pädagogik der Anerkennung. Grundlagen, Konzepte, Praxisfelder, Schwalbach.
Hahn, Martin 1994: Selbstbestimmt leben, auch für Menschen mit einer geistigen Behinderung. In: Geistige Behinderung 2/94, 81-94.
Hinz, Andreas 2004: Vom sonderpädagogischen Verständnis der Integration zum integrationspädagogischen Verständnis der Inklusion? In: Schnell, I. u. a. 2004: Inklusive Pädagogik, Bad Heilbrunn
Hörster, Detlef 2009: Anerkennung. In: Dederich, Markus und Jantzen, Wolfgang (Hg.) Behinderung und Anerkennung / Band 2 des Enzyklopädischen Handbuchs der Behindertenpädagogik, Stuttgart, S. 153-159.
Honneth, Axel 2010: Das Ich im Wir. Studien zur Anerkennungstheorie. Suhrkamp Verlag (Frankfurt/M).
Jerg, Jo 2001: Leben in Widersprüchen, Reutlingen.
Jerg, Jo 2004: Assistenz – Die Brücke zum Mitmenschen. In: Geiling, U./Hinz A.: Integrationspädagogik im Diskurs, Bad Heilbrunn, 138-141.
Jerg, Jo / Lange, Dietrich 2005: Gesellschaftsspiele - Einschließen und Ausschließen. In: Jerg, J. u. a. (Hrsg.) 2005: Mitten im Leben, Stuttgart, 72-87.
Jerg, Jo 2009: Respekt vor dem Anderen – Differenz als Herausforderung in Vielfaltsgemeinschaften. In: Aschenbrenner-Wellmann (Hg.) 2009: Mit der Vielfalt leben, Stuttgart, S. 12-32

Jerg, Jo 2014: Gelegenheiten der Enthinderung. FABIplus - Kinder mit hohem Assistenzbedarf in Kindertageseinrichtungen, Reutlingen (erscheint im Frühjahr 2014).
Lüpke, Klaus v. 1994): Nichts Besonderes, Essen.
Ricoeur, Paul 2006: Wege der Anerkennung, Frankfurt.
Schönwiese Volker 2000: Die Selbstbestimmt-Leben-Bewegung. In: Rödler, P. u. a. (Hrsg.): Es gibt keinen Rest! – Basale Pädagogik für Menschen mit schwersten Beeinträchtigungen, Neuwied, 26-39.
Sennett, Richard 2002: Respekt im Zeitalter der Ungleichheit, Berlin.
Schütz, Astrid 2005: Je selbstsicherer desto besser? Licht und Schatten positiver Selbstbewertung, Weinheim und München.
Taylor, Charles 1993: Die Politik der Anerkennung. In: Ders.: Multikulturalismus und die Politik der Anerkennung, Frankfurt.
Todorow, Tzvetan 1995: Abenteuer des Zusammenlebens. Versuch einer allgemeinen Anthropologie, Berlin.
Unesco (1998): Inclusion. In: Gemeinsam leben, 6 (1998) 4, Neuwied, 189.
Zeug, Karin 2013: Süchtig nach Anerkennung. Wir wollen von anderen gemocht und geachtet werden, unter allen Umständen. Wie kann man vermeiden, sich dabei selbst aufzugeben. In: Die ZEIT, 9. Juli 2013, download: http://www.zeit.de/zeit-wissen/2013/04/psychologie-soziale-anerkennung.

Kai-Uwe Schablon
Was können Fachkräfte dazu beitragen, damit Inklusion keine Illusion bleibt?

„Ein hübscher Junge im Rollstuhl sitzt auf dem Schulhof dicht bei einem hübschen Mädchen ohne Rollstuhl. Das Mädchen lächelt den Jungen an, der schüchtern auf sein Smartphone schaut, das sie in den Händen hält. Die Sonne scheint, auf dem Himmel steht ein Satz: Schmetterlinge im Bauch" (ZEIT, 21 März 2013, S.17).

Gute, aber teilweise auch polemische Praxisbeispiele für gelingende Inklusion werden uns derzeit aus allen Lebensweltbereichen heraus präsentiert. Das Thema „Inklusion" genießt eine recht hohe (Medien-) Präsenz.

Menschen die sich beruflich oder ehrenamtlich für ein gelingendes Miteinander engagieren, werden mir vermutlich zustimmen, dass in den Möglichkeiten zur Gestaltung einer inklusiveren Gesellschaft noch viel Potenzial schlummert. So beschrieben ist Inklusion zunächst ein schöner Gedanke.

Gleichzeitig melden sich aber auch viele kritische Stimmen. Da ist von der „Heiligen Inklusion" (Jantzen 2012) die Rede, die keinen Widerspruch mehr duldet – oder sogar vom „Budenzauber Inklusion" (Sierk 2013), der sich konträr zu den erlebten Denkmustern und Verhaltensweisen im Alltag darstellt.
Im folgenden Artikel soll der Frage nachgegangen werden, was Fachkräfte im Bereich der Behindertenhilfe zur Realisierung von Inklusion beitragen können.

I. Zum Inklusionsbegriff:

„Inklusion ist…, so der „Aktionsplan der Landesregierung NRW" (2012), …die volle Teilhabe in allen Lebensbereichen und Lebenslagen für alle Menschen mit und ohne Behinderung. Dies soll schrittweise verwirklicht werden. Dafür soll die Bevölkerung für „eine neue Kultur des inklusiven Denkens und Handelns gewonnen werden".

Die Umsetzung der allseits bemühten UN-Behindertenrechtskonvention wird allerdings durch zwei Sachverhalte erschwert: Zum einen von ihrem Rechtscharakter her: „Es handelt sich bei der Un-Behindertenrechtskonvention um einen völkerrechtlichen Vertrag", so der Präsident des Bundessozialgerichtes Peter Masuch, „der keine Verpflichtung zur Anordnung unmittelbarer innerstaatlicher Geltung" erhält (vgl. Masuch, 2011, S. 253). Das bedeutet, der sozial- und leistungsrechtliche, der finanziell verpflichtende Charakter der BRK ist bis heute noch nicht geklärt. Unklar ist weiterhin auch, ob dieser völkerrechtliche Vertrag vor innerstaatlichen Gerichten überhaupt ein einklagbares Recht, das individuell überhaupt justiziabel ist, darstellen kann (vgl. Becker 2013, S.5). Das zweite Problem konkretisiert sich an der Kassenlage der öffentlichen Haushalte. Fast alle Landesparlamente sind auf der Suche nach radikalen Einsparpotenzialen. Somit wird die Umsetzung der Intension der BRK im erwähnten Aktionsplan der Landesregierung (S.17) als „rechtlich nicht verbindlich" bewertet und alle Maßnahmen sind „unter den Vorbehalt verfügbarer Haushaltsmittel gestellt" (S.30).

In der Soziologie und in der Sozialpolitik werden zunehmend Stimmen laut, die von der Politik fordern, konkrete Verantwortung zu übernehmen, anstatt moralisierend in Richtung der Gesellschaft zu appellieren, sich mehr sozial zu engagieren und mehr Verantwortung zu übernehmen. Bezogen auf die Inklusionsprozesse heißt das, so Becker (2013, S.8):

Das Gelingen von Inklusionsprozessen wird in falsch verstandener Subsidiarität auf die unteren Ebenen delegiert und die Umsetzung weitgehend der Bewältigungskompetenz von Eltern, Lehrern, Einrichtungen oder Kommunen überlassen. Leider hat sich mittlerweile eine Art Inklusion light entwickelt, die den Gedanken auf moralische Appelle verkürzt und dazu führt, dass man sich durch zukleisternde Sonntagsreden unkritisch einem bestehenden Trend anschließt oder den Begriff der Inklusion aufgrund seiner inflationären Nutzung schon jetzt nicht mehr hören kann.

Der Begriff „Inklusion" ist, wenn man den Diskussionen bei einschlägigen Tagungen und neueren Veröffentlichungen folgt, in den letzten Monaten in der Fachdebatte stark in die Kritik geraten. Während sich in den letzten Jahren anfangs die Fachwelt eher einheitlich hinter dem Begriff aufstellte und der Slogan **„Wo Integration ist, soll Inklusion werden!"** vielerorts zu hören war und jeder versucht war, dem Begriff etwas Eigenes oder etwas Innovatives abzugewinnen, scheint es zurzeit so, als müsste man sich wieder kritisch von diesem Begriff distanzieren. Dabei liegt in dem Leitbild der Inklusion durchaus eine innovative Kraft. Das bekannte Adorno Zitat: „Ohne Angst verschieden sein können!" (Adorno 1997; S.113) drückt eine zentrale Zielsetzung der Inklusion aus.

Der Inklusionsbegriff befreit uns von der „pädagogischen Sonderbrille" und nötigt bzw. ermöglicht uns den Blick über den (pädagogischen) Tellerrand hinaus.

Inklusion ist als Handlungsmodell, wie Theunissen u. Schirbort (2006) es beschrieben haben, zu einer innovativen Energie geworden, die viele Träger und viele einzelne MitarbeiterInnen dazu bewegt haben, ihre Konzepte und ihre persönliche Haltung in Richtung Teilhabe- und Lebensqualitätssteigerung zu überarbeiten und neu zu gestalten.

Ich habe in letzter Zeit viele gute praktische Umsetzungen in Richtung Inklusion gesehen und darüber gelesen. Von daher erlebe ich, bei aller berechtigten Kritik an der inflationären Benutzung des Begriffes, die derzeitige beobachtete Abwertung des Begriffes als einen Schlag in den Nacken der vielen MitarbeiterInnen, die sich engagiert und mit hohem persönlichen Engagement auf dieses „neue" Leitbild eingelassen haben.

II. Die komplizierte Wirklichkeit: Gibt es ein Inklusionskapital?

Umfragen bei Menschen in marginalisierten Positionen zeigen, dass die Antworten auf die Frage: „Was ist für Sie Inklusion?" meist von einer gewissen Ratlosigkeit geprägt sind. Wahrscheinlich würde eine Umfrage in der allgemeinen Bevölkerung zu einem ähnlichen Ergebnis führen. Andererseits gibt es sozial- und bildungspolitische Akteure der Parteien, Hochschulen und Sozialverbände, für die es klar zu sein scheint, was zu tun ist. Hier findet ein nahezu leidenschaftlicher Diskurs über den richtigen Weg zur inklusiven Gesellschaft statt. Becker nennt allerdings nach wie vor bestimmte Unklarheiten: „Was meint der Begriff? Welche Subjekte, Akteure oder Zielgruppen sind angesprochen?", „Welche Schritte, welche Methoden und auf der Basis welcher finanzieller Ressourcen kann Inklusion umgesetzt werden?" Und als zentrale Frage: „Wo ist der Ort, in den inkludiert werden soll?"

Schon die bisher geführte Integrationsdebatte zeigt, dass es zwei zentral bedeutsame Komponenten für gelingende Integration gibt: Die Erwerbsarbeit und die Bildung.

Der Charakter des Staates und die Aufgaben des Staates haben sich aber in den letzten zehn Jahren deutlich verändert. Der Staat ist nicht mehr primär dazu da, unmittelbar gerechte Verhältnisse zu schaffen. Ihm obliegt eher die Rolle, einzelne gesellschaftliche Subjekte zu befähigen, zu aktivieren, ihre eigenen Potenziale zu entwickeln und Eigenverantwortung zu übernehmen (Stichwort Agenda 2010). Beispiele sind steuerliche Entlastung für Unternehmen, Förderung des Niedriglohnsektors, Verstärkung von Leih- und Zeitarbeit, Flexibilisierung des Kündigungsschutzes, Einführung der Grundsicherung. Kommen diese Veränderungen der Inklusion zugute? Fast ein Viertel der Beschäftigten arbeiten für einen durchschnittlichen Stundenlohn von ca. 6,50 Euro. Das Lohnniveau der unteren 40 % der Vollbeschäftigten ist deutlich gesunken, die Zahl der Menschen, die nach den Bedarfsgemeinschaften nach dem SGB II leben, liegt immer noch bei 6 Mio. Das Thema Armut, und besonders die Altersarmut, ist eine große Bedrohung und ein Fakt der gesellschaftlichen Wirklichkeit in Deutschland.

Auf die Nebeneffekte dieser gesellschaftlichen Wirklichkeit wie psychische und physische Belastungen (Stichwort: Zunahme von „Burnout- Erkrankungen") soll nur verwiesen werden. Der Landesaktionsplan nennt als Ziel die „Entwicklung hin zu einem inklusiven Arbeitsmarkt".

Aber die abstrakte Forderung nach Übergangsmärkten und Integration auf dem ersten Arbeitsmarkt kann ohne ein realistisch vorgehaltenes Angebot nicht die Alternative sein.

Für den Bereich Bildung lässt sich ein ähnlich problematisches Bild zeichnen. Während im Bereich der Elementarpädagogik die Inklusion zwar auch vor großen Umsetzungsherausforderungen steht (Stichwort: Umgang mit ethnischer und kultureller Vielfalt, Umgang mit Gender, Umgang mit Behinderung / Beeinträchtigung), fehlen in den Regelschule diverse Ressourcen und Voraussetzungen (Stichworte: kleinere Klassen, erhöhter Personalschlüssel, sonderpädagogisches Fachpersonal, passende Fort- und Weiterbildungsmaßnahmen, Gebäudesanierung, Erstellung von Neu- bzw. Umbauten und die nötigen Veränderung des Curricula). Mathias Brodkorb

(Minister für Bildung, Wissenschaft und Kultur in Mecklenburg- Vorpommern) betonte in einem Interview auf der Bildungsmesse Didacta (2013) zum Thema Inklusion befragt, dass Inklusion für den Bereich der Schulpädagogik nur „Alter Wein in neuen Schläuchen sei" und, dass wer für eine radikale Veränderung in Richtung einer Inklusiven Schule wäre… „Der zerstört die gesellschaftliche Funktion der Schule: Die Allokation der Profession auf die einzelnen arbeitsteiligen Körper der Gesamtgesellschaft".

Wenn wir Schule so verstehen wollen – als gesellschaftliches Platzierungsinstrument –, dann könnte Brodkorb sogar Recht haben. Inklusive Bildungsprozesse sind durchaus sehr zu befürworten, aber sie sind ausgesprochen voraussetzungsvoll. Inklusive Bildungsprozesse müssen den sehr unterschiedlichen Erwartungen gerecht werden, damit gerade die SchülerInnen nicht durch die drohende Überforderung der pädagogischen Situationen die eigentlichen Verlierer der Inklusionsbemühungen werden. Becker (2013) warnt in den publizierten „Zwischenrufen der Diakonie" deutlich vor einer unkritisch bejahenden Grundhaltung: „Es genügt nicht, einen leichten zivilgesellschaftlichen Duft von Inklusion auf alle politischen Handlungsfelder zu wedeln" (S.16). Becker fordert die Politik dazu auf, zunächst einmal einen Bereich inklusionspolitisch und mit einer finanzbasierten Politik durchzugestalten: „Die Musik spielt da, wo Anerkennung und Verständnis Geld kosten und Rechtsansprüche vermitteln" (Becker 2013, 16).

Der Preis für die politische Wahrheit der Inklusion muss benannt und auch bezahlt werden. Sehr ähnliche Stimmen kommen aus der kritisch materialistischen Behindertenpädagogik. Jantzen (2011) schreibt mit Bezug auf Goffmann (2003): „Solange …das „Es ist normal verschieden zu sein" zur Rede von „verhaltensoriginellen" Menschen führt, die auf der Hinterbühne in Sondergruppen von Großeinrichtungen akkumuliert werden oder in Wohnheimen verborgen werden, wo immer schlechter bezahlte Mitarbeiterinnen einen immer größeren Arbeitsaufwand leisten müssen und dies alles nicht thematisiert wird…, kann weder von Inklusion noch von der Gewährleistung von Menschenrechten die Rede sein (2012, S.43).

Zuletzt möchte ich an dieser Stelle noch auf den Soziologen Heinz Bude eingehen, der 2008 durch sein Buch „Die Ausgeschlossenen" als Experte für Exklusionsaspekte gesehen wird. Bude zeigt auf, dass das ausgewogene Verhältnis zwischen Integration und Inklusion eine glückliche Symbiose darstellt, die ins Wanken geraten würde, wenn sich die Gesellschaft zu sehr in die Richtung der Inklusion begeben würde. In einem Vortrag bei der Heinrich - Böll - Stiftung[1] (2013) erläutert Bude, dass die Integration die Hauptaufgabe der Nachkriegszeit war. Diese Idee von Gesellschaft hat sich in der Gegenwart jedoch deutlich verschoben. Bude sieht zurzeit folgende Tendenzen:
1. Die Spaltung in der gesellschaftlichen Mitte selber.
2. Die Entstehung eines stabilen Segmentes von Prekarität bezogen auf den Wohlfahrtsstaat
3. Eine Gruppe, die von der Veränderung der Beschäftigungsstruktur in der Weise betroffen ist, dass sie nicht mehr glaubt, dass in der gemeinsamen Zukunft für sie ein Platz vorgesehen ist.

Wir haben eine Pluralisierung von Beschäftigungsverhältnissen und gleichzeitig eine Relativierung des Arbeitbegriffes.

Viele Menschen gehen oft gezwungen, zum Teil aber auch aus eigenem Willen heraus, einem individuellen Beschäftigungsverhältnis nach. Es kommt zu immer mehr Veränderung im Bildungsbereich (seit 1999 studieren mehr Frauen als Männer an den Hochschulen). Die innerfamiliäre Arbeitsteilung hat sich deutlich verändert. Die alte Formel „Männer sind für das Geld, Frauen für die Emotionalität zuständig" hat sich geändert.

Deutschland ist seit Langem keine ethnisch homogene Gesellschaft mehr. Die Gesellschaft, auf die heute die Inklusion bezogen wird, ist eine völlig andere als die „integrationbedürftige" Gesellschaft damals. Auch Bude stellt sich die Frage – auf was hin denn inkludiert werden sollte.

„Die" Gesellschaft gibt es nicht mehr – Gesellschaft wird gemacht. Dies ist jedoch voraussetzungsvoll. Hierzu muss man seine Stimme erheben können. Man muss seine Meinung durchsetzten können – ja, man muss

---
1 Bude, Heinz : Mitschnitt des Vortrags: "Exklusionstendenzen und Wege zu einer inklusiven Gesellschaft"
Prof. Dr. Heinz Bude, Universität Kassel, Internet: http://www.youtube.com/watch?v=Gj3syaDt3X8 [Abruf: 10.02.2014]

sogar protestieren können. Gesellschaft muss von kompetenten einzelnen Bürgerinnen und Bürgern gemacht werden. Die Brennpunkte, die eine Inklusion erschweren, liegen so Bude, in der gesellschaftlichen Mitte.

Hier findet gegenwärtig eine Spaltung in eine obere und in eine untere Mitte statt. Die Lebenslage der oberen Mitte hat sich in den letzten 25 Jahren große gesellschaftliche Vorteile sichern können (z. B. stabile Haushaltseinkommen, eine verbesserte berufliche Position etc.). Dem unteren Teil der Mitte ist es in den 25 Jahre allerdings schlechter gegangen. „Die haben...", so Bude (2013), „...irgendwie Fehler gemacht". Und zwar Selbstverwirklichungsfehler, was die Partnerwahl oder die Berufswahl betrifft.

Das größte Armutsrisiko in unserer Gesellschaft ist immer noch eine Trennung und nicht die Arbeitslosigkeit. Wir haben mit der gesellschaftlichen Mitte ein Klientel, das relativ privilegiert aber auch relativ verwundbar ist: in den Kategorien des Einkommens, des sozialen Status und in den Kategorien des eigenen Wertempfindens. Dieses Gefühl der relativen Deprivation hat in den letzten 25 Jahren extrem zugenommen. Man spricht von prekärem Wohlstand.

Man kommt über die Runden aber es gibt wenig freies Geld: Dieses Grundgefühl ist für die Umsetzung von Inklusion nicht zu unterschätzen.

Eine weitere dritte Form der Gesellschaft, die Bude mit 12-15 % der Bevölkerung beziffert, ist das „neue Proletariat" in der Gesellschaft. Das sind festangestellte Menschen in einfachen Dienstleistungen: voll beschäftigt, 50 Std. harte Arbeit in der Woche, z. B. bei einem privaten Paketzusteller.

Diese Gruppe ist ethnisch heterogen und bringen ca.1000 Euro netto nach Hause. Sie verbindet das Gefühl, dass die Zukunft nicht besser wird. Sie haben eine klare Vorstellung ihrer Lebenslage – wissen aber, dass sie vom Staat nichts mehr erwarten können. Sie sind nicht auf den Wohlfahrtsstaat ausgerichtet, sondern führen einen harten Kampf auf dem Arbeitsmarkt.

Insgesamt sieht Bude aber gesellschaftliche Veränderungstendenzen, die die Menschen dazu bewegen, wieder solidarischer miteinander umzugehen. Seiner Einschätzung nach sind wir am Ende einer gesellschaftlichen Phase der Selbsttätigkeit (z. B. merken immer mehr Menschen, über die Frage der Rentenversicherung, dass sie ihr Leben im Alter nicht allein gestalten werden können). Die dargestellten Positionen zeigen eine kritische Bestandsaufnahme des gegenwärtigen „Inklusionskapitals". Ich möchte im dritten

Schritt dennoch oder gerade deshalb erläutern, welche strukturellen und handlungsbezogenen Determinanten für eine Weiterführung und Weiterentwicklung eines „Leitbildes Inklusion" konstruktiv sein können.

III. Einschätzung, Forschungsergebnisse und Anforderungen an professionelle Fachkräfte

Trotz dieser sicherlich berechtigen und ernst zu nehmenden Kritik am Leitbild der Inklusion bewegen wir uns gesellschaftlich mit dem Leitbild der Inklusion in die richtige Richtung. Ich teile die Ansicht von Hinz, der sagt: „Es stellt sich nicht mehr die Frage, ob wir die Inklusion wollen, sondern die Aufgabe, wie wir sie gestalten können".

Ich teile aber gleichermaßen auch die dargestellten Einschätzung von Becker, Jantzen und Bude, dass zum einen die erforderlichen Rahmenbedingungen gegeben sein müssen und dass es Bereiche gibt, in denen Inklusion zurzeit nur sehr schwer umzusetzen ist. Die Geschichte vieler emanzipatorischer Bewegungen zeigt, dass häufig zunächst Zeiten der „Selbst-Segregation" sinnvoll und notwendig sein können. Ob und wie sinnvoll Inklusion umgesetzt werden kann, ist von verschiedenen Faktoren abhängig. Einige der Abhängigkeitsfaktoren von Inklusion sind:

- der Personenkreis der Menschen, mit denen wir arbeiten.
  Menschen in marginalisierten Positionen haben ein unterschiedliches „Inklusionsbedürfnis". Jeder Mensch hat auch ein Recht auf selbstgewählte Segregation (vgl. Knust-Potter 1995).
- der Lebensort der Menschen (Großstadt, Kleinstadt, Dorf). Sozialräumliche Inklusion in einer historischen Anstalt hoch auf dem Berg, fern von den Mitbürgern ist hier eine besondere pädagogische Herausforderung.

In einer achtjährigen Untersuchung (Schablon 2010) entstand eine Analyse von sechs „best of practice" - Modellen. Im Verständnis eines benötigten, interdependenten Zusammenwirkens der Akteure im Feld wurde getrennt auf den Bürger, die professionellen Fachkräfte und auf den Menschen mit Unterstützungsbedarf geschaut.

Was können Fachkräfte dazu beitragen, damit Inklusion keine Illusion bleibt? 69

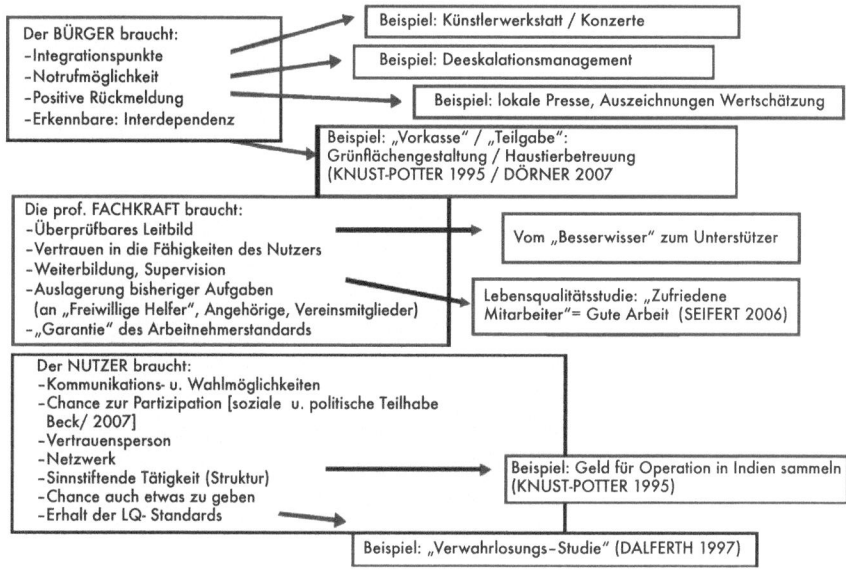

Abb.1: Determinaten für gelingende Inklusion, Quelle: Schablon, K. (2010): Community Care. Professionell unterstützte Gemeinweseneinbindung erwachsener geistig behinderter Menschen. (2. Aufl.) Lebenshilfe Verlag, Marburg.

Exemplarisch sollen aus dem Schaubild hier nur einzelne Aspekte herausgegriffen werden. Diese Aspekte können als Anregung für gelingende Inklusion gesehen werden. Sie sind im Bereich der Begleitung und Unterstützung von Menschen mit geistiger Behinderung erforscht worden, bieten aber Transfermöglichkeiten für die anderen Unterstützungsbereiche.

Bei den Bürgerinnen und Bürgern (sozial engagierten Mitmenschen), haben sich das Implementieren von sogenannten „Notrufmöglichkeiten" und die Berücksichtigung von „Rückerstattungserwartung" als sehr förderlich erwiesen. Um Inklusion zu unterstützen, muss sich der Bürger möglichst sicher fühlen. Hier müssen ggf. vorübergehende De- Eskalationsmöglichkeiten implementiert werden (Handynummern von Kontaktpersonen, Aufklärung über öffentliche Medien etc.). Unter „Rückerstattungserwartung" wird hier eine soziale oder materielle Anerkennung verstanden. Einige Kommunen,

Träger etc. wertschätzen ehrenamtliches Engagement in Form von Fahrkarten, Theaterkarten oder sozialer Anerkennung (Öffentliche Ehrung oder durch kostenlose Fachvorträge).

Bei der professionellen Fachkraft ist es wichtig, das Vertrauen in die Fähigkeiten des Nutzers (päd. Optimismus/ein offenes dynamisches Bildungsverständnis) beizubehalten. Außerdem ist die Bereitschaft, bestimmte Tätigkeiten an andere Menschen abzugeben, sehr hilfreich (Stichwort Kooperation mit freiwillig sozial engagierten Bürgern).

Wenn Voraussetzungen zur gelingenden Inklusion in übergeordneten Themen zusammenfasst werden sollten – könnte man drei bedeutsame Aspekten benennen:

1. Die Förderung zur Selbsthilfe der noch nicht Inkludierten
(hier verstanden als Aneignung der eigenen Regiekompetenz oder materialistisch formuliert der (Selbst-) Aneignung unseres Kulturgutes. Hier bieten die Handlungsansätze der Resilienz, Empowerment oder der Subjekt-Tätigkeit-Objekt-Ansatz aus der Materialistischen Behindertenpädagogik gute Orientierung.

2. Die zweite generalisierte Zielsetzung im Kontext von Inklusion stellt die Sozialraumorientierung da.
Diese sollte allerdings mit einer sozialen Netzwerkbildung (Freunde finden) einhergehen. Denn alleine der Ort garantiert bekanntermaßen keine Inklusion. Inhaltlich lassen sich hier gute methodische Anleihen in der Jugendhilfe (Hinte/Treeß 2007) oder im „SONI Konzept" (Früchtel u.a. 2009) finden.

3. Als dritte übergeordnete Kategorie würde ich das Ziel der „möglichst uneingeschränkten Partizipation" nennen.
Hier möchte ich die Bedeutung der konstruktiven Wechselseitigkeit (Interdependenz: „Bedeutung für andere Menschen haben") der Nutzer in einem „ihrem" Sozialraum und an ihrem gewählten Wirkungsort (z. B. Kirchengemeinde) betonen.

Für das „Wie" (der Frage nach den Methoden) möchte ich ergänzend auf ein paar Verfahren hinweisen: Für die individuelle Inklusionsebene können auf sehr gute Erfahrungen mit der „Persönlichen Zukunftsplanung" verwiesen werden. Mit diesem Instrument wird der individuelle Bedarf des

Nutzers gesehen – und über den Making Action Plan (mit einem eingebundenen circle of friends / Unterstützerkreis) entsteht eine Kooperation mit Akteuren aus dem sozialen Netzwerk. Hier wird der Inklusionsgedanke auf der Identitätsbildungs- und auf der sozialen Ebene umgesetzt.

Die mit der Inklusion verbundene Sozialraumorientierung kann sehr konkret über die Arbeit mit den Indices für Inklusion (für Kita, für Schule und dem Index für die Kommunale Einbindung) konkretisiert werden. Alle drei Verfahren sind kostenfrei im Internet zu finden. Hier werden durch viele Fragen die Inklusionschancen einer Institution bzw. einer Kommune aufgezeigt. Der Aspekt der personalisierten Sozialraumorientierung kann durch die SONI-Methode der Sozialen Arbeit gut genutzt werden. Hier wird Inklusion von der individuellen Ebene bis zur benötigten Ebene der Sozialplanung durchdekliniert.

Ein weiterer zentraler Punkt gelingender Inklusion ist immer noch die Schaffung von integrativen Begegnungschancen. Damit sind Räume / Angebote gemeint, in denen man sich möglichst ohne große Zugangsbarrieren und ohne Zuschreibungen oder Vorwarnungen vor dem speziellen Personenkreis, ungezwungen begegnen kann. Dies gelingt am besten durch ein übergeordnetes kulinarisches oder kulturelles Angebot. Vorurteile und Vorbehalte können am besten durch persönliche Begegnung abgebaut werden. Und damit meine ich nicht den alljährlichen Weihnachtsmarkt auf dem Zentralgelände oder den Tag der offenen Tür.
Inklusion bedeutet bei jeder Entscheidung die höchst mögliche (selbst gewollte) Einbindung des Gegenübers (bzw. die gesellschaftlich übliche Normalumsetzung) mit zu denken. Die größte Anforderung an ein Handeln unter dem Leitbild der Inklusion besteht darin, Inklusion kontinuierlich als „Querschnittsthema" mitzudenken und dabei kritisch zu überlegen, welche Chancen aber auch welche Risiken hiermit für alle Akteure verbunden sind.

Ich möchte abschließend mit einem Zitat des Schweizer Pfarrers Kurt Marti dazu aufrufen – sich weiter auf den Weg der Inklusion zu begeben, denn,

„... wo kämen wir hin, wenn alle sagten, „wo kämen wir hin"
und niemand ginge, um einmal zu schauen, wohin man käme,
wenn man ginge."

Literatur:

Adorno, T.W.: (1944): Minima Moralia. Frankfurt a.M.

Beck, I. (1994): Neuorientierung in der Organisation pädagogisch- sozialer Dienstleistungen für behinderte Menschen: Zielperspektiven und Bewertungsfragen. Frankfurt /M.

Becker, U. (2013): Behindert oder fördert Inklusion? Eine Kritik an Irrwegen der Inklusionsdebatte von Uwe Becker. Internet: www.diakonie-rwl.de/zwischenrufe [Abruf: 23.06.2013]

Bude, H. (2008): Die Ausgeschlossenen - Das Ende vom Traum einer gerechten Gesellschaft.. München.

Brodkorb, M. (2013): Warum Inklusion unmöglich ist. http://bildung-wissen.eu/fachbeitraege/warum-inklusion-unmoglich-ist.html [Abruf: 10.02.2014]

Dalferth, M. (1997): Zurück in die Institution? Probleme der Gemeindenahen Betreuung geistig behinderter Menschen in den USA, in Norwegen und Großbritannien. In: Geistige Behinderung, Heft 4 /97, S. 344-355.

Doose, S. (1996): „I want my dream!" Persönliche Zukunftsplanung. Neue Perspektiven einer individuellen Hilfeplanung mit Menschen mit Behinderung. Broschüre mit Materialteil. Bundesarbeitsgemeinschaft für Unterstützte Beschäftigung. (7. überarbeitete und erweiterte Auflage Kassel 2004) Hamburg.

Feuser, G.(2011): Teilhabeforschung aus Sicht von Forschung und Lehre - (k)ein neuer Euphemismus?(!). Internet: http://www.georg-feuser.com/conpresso/_data/Feuser_-_Teilhabeforschung_aus_Sicht_von_Forschung_und_Lehre.pdf [Abruf: 04.12.2013]

Früchtel /Budde/ Cyprian (2009): Sozialer Raum und Soziale Arbeit. Band 2, Fieldbook: Methoden und Techniken. Wiesbaden

Goffmann, E. (2003): Wir spielen alle Theater. Die Selbstdarstellung im Alltag. München

Hinte, W. / Treeß, H. (2007): Sozialraumorientierung in der Jugendhilfe. Theoretische Grundlagen, Handlungsprinzipien und Praxisbeispiele einer kooperativ- integrativen Pädagogik. Weinheim.

Jantzen, W. (2012): Behindertenpädagogik in Zeiten der Heiligen Inklusion. In: Behindertenpädagogik. Heft 1 /2012, S. 35- 53

Knust-Potter, E. (1995): Community Living: Normalisierung der Wohn- und Lebensbedingungen von Erwachsenen, die als geistig behindert bezeichnet werden. Berlin.

Masuch, P.(2011): Die UN- Behindertenrechtskonvention anwenden! .In: Hohmann-Dennhardt u.a., Festschrift für Renate Jäger – Grundrechte und Solidarität.

Marti, K. (1967): Manchmal kennen wir Gottes Willen. Vertont von F. Kukuck (Gedichtvertonung 1966)

Schablon, K. / Niehoff, U. (2005): Selbstbestimmung und Teilhabe. Welches Rüstzeug brauchen professionelle Unterstützer? In: Hähner, U. / Niehoff, U. / Sack, R. / Walther, H.: Kompetent begleiten: Selbstbestimmung ermöglichen, Ausgrenzung verhindern! Die Weiterentwick-Lung des Konzeptes „Vom Betreuer zum Begleiter" S. 79-93.

Schablon, K. (2010) Community Care. Professionell unterstützte Gemeinweseneinbindung erwachsener geistig behinderter Menschen. Analyse, Definition und theoretische Verortung struktureller und handlungsbezogener Determinanten. (2. Aufl.): Lebenshilfeverlag. Marburg.#

Schablon, K. (2009a): Veränderung fängt in den Köpfen an! Anforderungen an Aus- und Weiterbildung. In: Bundesverband evangelischer Behindertenhilfe (Hrsg.), Orientierung, Heft 1, S.34-35.

Schablon, K. (2010): Was bedeutet die Einbeziehung Freiwilliger für die professionellen Rollen? Impulse für die Heilerziehungspflege. Fachtag 2010: AWO Bruderhaus Diakonie Reutlingen. http://www.awo-berufskolleg.de/download/schablon.pdf

Schablon, K. (2010a): Die Persönliche Zukunftsplanung: ein Weg zu mehr Lebensqualität und ein Inhalt für die Ausbildung von Fachkräften. In: Friebe, S. Link, R. (Hrsg.): Neue Wege zur Lebensqualität. Konzepte der Teilhabeforschung und die Persönliche Zukunftsplanung. Verlag Mosbacher Werkstätten, S.147-158.

Schablon, K. & Dieckmann, F. (2010b). DHG-Preis für vier Praxismodelle. Gelungene Integration von Menschen mit hohem Unterstützungsbedarf. Orientierung, Heft 1, 17-19.

Schablon, K (2011): Inklusion zumuten! Wie kann das Thema „Inklusion bei Menschen mit hohem Hilfebedarf" in der professionellen Aus- und Weiterbildung berücksichtig werden? Orientierung Heft 1 / 2011, S.22-24

Schablon, K (2012): Community Care und kirchliches Engagement. Kirchliches Engagement und professionelle Unterstützung als Grundpfeiler einer inklusiven Gesellschaft für Menschen mit geistiger Behinderung. In: Praktische Theologie- Zeitschrift für Kirche, Gesellschaft und Kultur. 47. Jahrg. 2012 / Heft 3 S. 150- 166.

Schablon, K. (2012a): Anforderungen an Aus- und Weiterbildung im Kontext von Inklusion. In: Gemeinsame Wege -Inklusion als Anspruch und Auftrag der Heilpädagogik! Bhp Verlag Berlin, S.63

Seifert, M. (2003): Mehr Lebensqualität. Zielperspektiven für Menschen mit schwerer (geistiger) Behinderung in Wohneinrichtungen. Marburg.

Theunissen, G. / Schirbort, K. (Hrsg.) (2006): Inklusion von Menschen mit geistiger Behinderung. Zeitgemäße Wohnformen- Soziale Netze- Unterstützungsangebote. Stuttgart.

Marion Wieczorek
Zur aktuellen Situation von Schülerinnen und Schülern mit einer Körperbehinderung im Schulsystem –
Ableitung möglicher Gelingensfaktoren für die Inklusion

Nach den Zahlen der KMK besuchten 2012 im Bundesdurchschnitt 26,4% aller Schüler mit einem diagnostizierten Förderbedarf im Bereich körperliche und motorische Entwicklung Regelschulen. Hier lassen sich deutliche länderspezifische Unterschiede erkennen. Diese beziehen sich sowohl auf die Anzahl der Schülerinnen und Schüler mit diagnostiziertem sonderpädagogischem Förderbedarf als auch auf deren Möglichkeit der Teilhabe am Schulbesuch der allgemeinen Schulen.

Immer mehr Schülerinnen und Schüler mit dem Förderschwerpunkt motorische Entwicklung besuchen Schulen jenseits von Sonderschulen, bei gleichzeitiger Zunahme der Schülerzahlen an Sonderschulen. Parallel zeigt sich eine deutliche Zunahme der Vielfalt der Schülerschaft an den Schulen mit dem Förderschwerpunkt motorische Entwicklung. Neben einer zunehmenden diagnostischen Differenziertheit bei Schülerinnen und Schülern mit dem Förderschwerpunkt motorische Entwicklung scheint es nicht wenige Kinder und Familien zu geben, die – unabhängig vom eigentlichen Förderschwerpunkt – in großer Not sind, für ihre Kinder eine passende Schule – mit dem Versprechen auf ein Einlösen bestmöglicher Bildung – zu finden.

Die vorliegenden Daten lassen den Schluss zu, dass es bereits erfolgreich gelingt, Schülerinnen und Schüler mit dem Förderschwerpunkt körperliche und motorische Entwicklung in allgemeinen Schulen zu integrieren.

Ebenso muss aber auch festgestellt werden, dass ein Teil der Schülerschaft im Verlaufe der Schulzeit den Bildungsort hin zur Schule für Körperbehinderte wechselt.

Schülerinnen und Schüler mit einer Körperbehinderung in Regelschulen

In aktuellen Studien (vgl. Haupt/Wieczorek 2013; Lelgemann et al. 2012; Walter-Klose 2012), die in den letzten Jahren bezüglich der Beschulung von Schülern mit einer Körperbehinderung durchgeführt wurden, scheint eines offensichtlich: Kinder und Jugendliche mit schweren Behinderungen besuchen nach wie vor die Schule für Körperbehinderte, Schüler mit leichten motorischen Einschränkungen die Regelschule.

Differenziert gibt die Untersuchung von Haupt/Wieczorek aus den Jahren 2012/13 zu dieser Frage für Schülerinnen und Schülern mit cerebralen Bewegungsstörungen Auskunft. Cerebrale Bewegungsstörungen können sich sehr unterschiedlich auf die Entwicklung von Kindern auswirken: von relativ leichten Beeinträchtigungen mit geringem Unterstützungsbedarf bis hin zu schweren Mehrfachbehinderungen mit umfangreichem Hilfebedarf und völliger Pflegeabhängigkeit. Kinder und Jugendliche mit cerebralen Bewegungsstörungen sind Schüler, die alle Bildungsgänge bis hin zum gymnasialen besuchen. Die Schülerinnen brauchen unabhängig vom besuchten Bildungsgang eine entsprechende differenzierte schulische Förderung, die je nach individuellen Gegebenheiten die Entwicklung der Grob- und Feinmotorik, des Sprechens und der Sprache, der sozialen Interaktion, der Wahrnehmung und der kognitiven Möglichkeiten einbezieht und auch vorliegenden Pflegebedürfnissen entspricht (vgl. Haupt/Wieczorek 2013, 5).

Rund ein Viertel der Schülerinnen und Schülern mit einer cerebralen Bewegungsstörung aus dieser Untersuchung, werden in Regelschulen unterrichtet (vgl. Haupt/Wieczorek 2013, 7). Das ist im Vergleich zu Kindern mit anderen Körperbehinderungen eine relativ kleine Gruppe. Analoge Erhebungen für Schülerinnen und Schüler mit Spina bifida oder Muskeldystrophie Duchenne weisen schon in den 90er Jahren deutlich höhere Anteile aus (vgl. Haupt 1997). Kinder und Jugendliche mit einer cerebralen Bewegungsstörung besuchen überwiegend Förderschulen. Das ist im Zusammenhang mit dem hohen Ausprägungsgrad ihrer Beeinträchtigungen und ihrem Hilfe- und Pflegebedarf zu sehen, dem in Regelschulen zur Zeit anscheinend oft noch nicht entsprochen werden kann. Differenziert zeigen sich folgende Zusammenhänge:

- Schüler, die sich nicht mit gesprochener Sprache verständigen können, besuchen überwiegend Förderschulen
- Schülerinnen und Schüler, die die Regelschule besuchen, benötigen

hochsignifikant seltener Hilfe beim Toilettengang
- Kinder und Jugendliche mit schwerer und mehrfacher Behinderung sind nahezu ausschließlich Schüler von Förderschulen
- die motorische Beeinträchtigung, der Hilfe- und Förderbedarf sind häufig bei Schülern in Förderschulen stärker ausgeprägt
- 9 von 10 Schülern in Förderschulen erhalten therapeutische Unterstützung. In integrativen Schulen sind dies nur 2 von 10
- die geringer ausgeprägten motorischen Beeinträchtigungen der Schüler an Regelschulen lassen schlussfolgern, dass auch weniger Schüler auf Therapien angewiesen sind (vgl. Haupt/Wieczorek 2013, 5).

Lelgemann und Mitarbeiter kamen in ihrer Untersuchung „Qualitätsbedingungen schulischer Inklusion für Kinder und Jugendliche mit dem Förderschwerpunkt Körperliche und motorische Entwicklung" (2012) zu nahezu deckungsgleichen Ergebnissen. Ihre Studie belegt ebenfalls, „dass der Unterstützungs-, Pflege- und Therapiebedarf der Schüler in Förderschulen körperliche und motorische Entwicklung derzeit deutlich über dem der Schüler in den hier beteiligten integrativen/inklusiven Schulen liegt" (2012, 6). Liegt ein Therapiebedarf bei den Schülern vor, so wird dieser ausschließlich nach der Schule extern erfüllt (vgl. 2012, 6). „Schülerinnen mit erhöhtem Pflegebedarf finden in den seltensten Fällen Aufnahme in die allgemeine Schule" (2012, 6).

Schülerinnen und Schüler mit einer cerebralen Bewegungsstörung, die inklusiv/integrativ beschult werden, werden von ihren Eltern als ehrgeizig, ausgestattet mit viel Geduld, Ausdauer, Fleiß, großer Wissbegierde und Kontaktfreudigkeit (vgl. Haupt/Wieczorek 2013, 12) beschrieben. Auch in der Erhebung von Lelgemann (2012b, 6) werden inklusiv beschulte Schüler als selbstbewusst, durchsetzungsfähig, offen-kommunizierend und leistungsstark beschrieben bzw. beschreiben sich selbst so. Nach diesen Ergebnissen ist die Teilnahme am gemeinsamen Unterricht derzeit auf bestimmte Persönlichkeitseigenschaften der Schülerinnen und Schüler angewiesen bzw. erleichtern diese es den Schülern, am gemeinsamen Unterricht teilnehmen zu können. Diese Ergebnisse bilden „damit die Realität schulischer Integration der letzten Jahre ab" – und so folgt Lelgemann (2012b, 7) – „sicherlich auch oftmals noch gegenwärtig". Walter-Klose führt Belege an, die darauf hindeuten, dass sich diese Ergebnisse auch in Schulsystemen wiederspiegeln, die sich schon länger und intensiver einem inklusiven System annähern (vgl. Walter-Klose 2012, 314ff.). Soll Inklusion nicht auf die Schülerschaft beschränkt bleiben, die aktuell am gemeinsamen Unterricht teilnimmt, so muss es gerade in diesem Zusammenhang zu Weiterentwicklungen kommen.

Sowohl in der Untersuchung von Haupt/Wieczorek als auch in der von Lelgemann et al. wird die Bedeutung der Eltern herausgestellt, die diesen zurzeit für eine gelingende Integration ihrer Kinder zukommt. Die Zufriedenheit der Eltern mit den jeweils besuchten Schulen ist sehr hoch. Dies gilt sowohl für die Beschulung an einer Sonderschule als auch an einer Regelschule. Allerdings fühlt sich ein Drittel der Eltern durch den Schulbesuch ihrer Kinder besonders belastet. Bei Eltern der integriert geförderten Kinder geben dies zwei Drittel der Elternschaft an (vgl. Haupt/Wieczorek 2012, 8f.).

Da spielen die große Entfernung zur Schule eine Rolle, die finanzielle Belastung durch das Schulgeld bei Privatschulen, Probleme bei notwendigen baulichen Veränderungen, das Fehlen von Helfern, Konflikte mit Lehrkräften, aber vor allem die Belastungen durch das Nacharbeiten von Schulstoff mit den Schülern, die Betreuung von Hausaufgaben, die Organisation und Durchführung von Therapien und Arztbesuchen am Nachmittag. Auch in der Untersuchung von Lelgemann et al. berichten viele Eltern von unverhältnismäßig hohen und ressourcenintensiven Einsätzen sowohl bei der Suche nach einem geeigneten Platz im gemeinsamen Unterricht als auch, um die Beschulung vor Ort abzusichern. Die Ergebnisse deuten darauf hin, dass es auf Seiten der Eltern derzeit noch „soziokultureller Voraussetzungen und Möglichkeiten bedarf, um schulische Inklusion für das eigene Kind durchzusetzen" (Lelgemann et al. 2012b, 6).

Das heißt zusammenfassend, dass unabhängig von den Voraussetzungen auf schulischer Seite mehrere Faktoren identifiziert werden konnten, die belegen, dass das Gelingen schulischer Inklusion derzeit noch an bestimmte Voraussetzungen auf Seiten des Schülers und seines Elternhauses gekoppelt ist.

Lernen und soziale Partizipation im gemeinsamen Unterricht

Studien zur schulischen Leistungsfähigkeit zeigen national wie international übereinstimmend, dass Schüler mit einer Körperbehinderung eine deutliches Mehr an Einsatz und Engagement zeigen müssen, um zu analogen Schulabschlüssen, Noten und Schulbesuchsjahren zu kommen, wie ihre gleichbegabten nichtbehinderten Mitschüler. Ob ihnen dies gelingt, ist von den individuellen Ressourcen des Schülers sowie passender unterstützender Maßnahmen abhängig. Studien zeigen auch, dass viele dieser Schüler ihr kognitives Potential nicht oder nur eingeschränkt entfalten konnten und schlechtere Noten oder Abschlüsse aufwiesen als ihre Mitschüler mit gleicher Begabung (vgl. Walter-Klose 2012, 277f.).

Als Ursachen für die Unterschiede in der schulischen Leistung und Leistungsfähigkeit führt Walter-Klose eine höhere Belastung der Kinder und Jugendlichen aufgrund ihrer körperlichen Beeinträchtigung (z. B. verlangsamtes Arbeitstempo, Schwierigkeiten bei der Konzentration, Schmerzen, schnellere Ermüdbarkeit), zusätzlichen Belastungen im psychosozialen Bereich (familiäre Situation, Belastungen durch Diskriminierung in der Schulklasse), gesundheitsbezogene Aspekte (z. B. der Besuch von Therapien am Nachmittag, Krankenhausaufenthalte) auf, die neben Erschwernissen in Folge mangelnder Schul- und Unterrichtsanpassung zusätzliche Belastungsfaktoren darstellen, die sich negativ auf die Schulleistungen auswirken können (vgl. Walter-Klose 2013, 63).

Nach der Recherche von Walter-Klose liegen nur wenige Studien vor, die die schulischen Leistungen zwischen Schülern der Regelschule und der Förderschule vergleichen. Zeigen auch Schülerinnen und Schüler mit einer Körperbehinderung, die den gemeinsamen Unterricht besuchen, zumeist im Schnitt gleiche oder bessere schulische Leistungen als Schüler der Förderschule mit gleicher Begabung, so darf nicht unberücksichtigt bleiben, dass allein die Fokussierung auf gleiche Intelligenz nicht alle leistungsbeeinflussenden Faktoren mitberücksichtigt. Nach aktuellen Studien weisen Kinder in Förderschulen ein deutliches Mehr an Entwicklungserschwernissen unterschiedlichster Art auf. Für Schülerinnen und Schüler mit einer leichten Form der cerbralen Bewegungsstörung und Schülerinnen und Schüler mit Spina bifida (ohne Hydrozephalus) konnte das Ergebnis der Gleichwertigkeit der Leistung bestätigt werden (vgl. Walter-Klose 2012, 278).

Schlussfolgernd wird jeder Schulbesuch zu einer individuellen Schulkarriere, die auf unterschiedlichste Formen der Unterstützung angewiesen ist, und bei der keine Pauschalisierungen allein auf Basis des Schädigungsbildes oder der kognitiven Leistungsfähigkeit möglich sind. Desweiteren bleibt festzuhalten, dass ein alleiniger Rückgriff auf die individuellen Ressourcen des Kindes und seiner Familie keine hinreichende Ausgangslage für eine gelungene Inklusion darstellt.

„Insgesamt spielt die Abstimmung des schulischen Angebots auf die Behinderung und die Kompetenzen des Schülers eine entscheidende Rolle. Durch angepasste Unterrichtsmethoden, passende Gestaltung der Pausenzeiten, der Nutzung angepasster Lehr- und Lernmittel sowie Hilfsmittel und die sonderpädagogische Kompetenz des Lehrers, können zusätzliche Belastungen für die Schülerinnen und Schüler reduziert werden. Dies trägt wesentlich dazu bei, dass die Kinder und Jugendliche mit Behinderung ihr Potential im gemeinsamen Unterricht entfalten können" (Walter-Klose 2012, 370). So berichten Schüler und Eltern im positiven Fall von einer Vielzahl differenzierender Unterrichtsmöglichkeiten und der angemessenen Nutzung von Nachteilsausgleichen.

Hingegen berichten Eltern von Schülern, die an die Förderschule gewechselt sind, sowie die Schüler selbst von fehlender Binnendifferenzierung der allgemeinen Schule in den Inhalten, Methoden und Materialien, der nicht erfolgten Nutzung von Hilfsmitteln, einer Exklusion von einzelnen Unterrichtsfächern oder schulischer Aktivitäten (vgl. Lelgemann et al. 2012a, 22; Haupt/Wieczorek 2013, 12f.).

Diese mangelnde Passung führte dann dazu, dass die Schüler ihre schulischen Leistungsmöglichkeiten bislang nicht ausschöpfen konnten.

In einer Reihe von Schulen gehören Nachteilsausgleiche zur Selbstverständlichkeit. Andere Schulen bzw. Lehrer tun sich schwer damit oder verstehen den Sinn nicht (vgl. Haupt/Wieczorek 2013, 8). In Schulen der Sekundarstufe scheint der Umgang mit Lernzieldifferenzierung noch weit weniger ausgeprägt und in der Fläche verbreitet zu sein als in Grundschulen; der Einsatz von Nachteilsausgleichen weit weniger bekannt bzw. akzeptiert zu sein. Schulen gelingt es unterschiedlich gut, spezifische Lern- und Entwicklungsbedürfnisse der Schülerinnen und Schüler wahrzunehmen und auf sie mit entsprechenden Inhalten und Angeboten zu reagieren und diese in den

Unterricht zu integrieren. Es kann z. B. eine schwierige Entwicklungsaufgabe werden, einen Umgang mit dauerhafter Abhängigkeit im Lebensalltag zu finden. „Abhängigkeit und Selbstbestimmung, Wunsch nach Kontakt und Abgrenzung gegen Übergriffigkeit, Bereitschaft zur Verständigung und Umgang mit Befremden, das ich auslöse – das sind Ambivalenzen, in die Menschen mit körperlichen Beeinträchtigungen sich gestellt sehen. Ob ein Kind mit einer Körperbehinderung Probleme im Lernen und mit der Integration in die Kindergruppe behält oder bekommt, hängt davon ab, wie solche Lernvoraussetzungen im Umgang mit dem Kind berücksichtigt werden" (Ehrenstein 2007, 159). Je heterogener die Schülerschaft mit dem Förderschwerpunkt motorische Entwicklung wird bzw. werden soll, die die allgemeine Schule besucht, desto dringender wird die Berücksichtigung dieser Fragen, desto dringender wird die Notwendigkeit, Wege zur Integration von Pflege und Therapie zu finden. Hier werden flexible Wege notwendig werden. Ist es für mehrfachbehinderte Kinder und Jugendliche unabdingbar, dass eine Verzahnung von Unterricht, Therapie und Pflege stattfindet, so mag es für andere Schüler unvorstellbar sein, Unterricht zulasten von Therapie zu versäumen. Weitergehende Kooperationsstrukturen als diese bislang installiert sind, werden notwendig werden.

Ebenso wird sich die Frage nach der personellen Ausstattung einer Klasse neu stellen, wenn Schüler mit schwersten Behinderungen vermehrt den gemeinsamen Unterricht besuchen. Mit einer zeitweisen, stundenbegrenzten Beratungstätigkeit oder eine Begleitung durch Assistenten kann dem Bildungsbedarf dieser Schüler nicht entsprochen werden. Unterricht auch bei schwerster Behinderung ist eine Bildungsaufgabe und damit Aufgabe von Lehrerinnen und Lehrern. Das Recht auf Bildung dieser Kinder zu sichern, stellt sich im Kontext der Inklusion wieder neu.

Noch wechseln Schüler und Schülerinnen mit dem Förderschwerpunkt motorische Entwicklung, für die die angebotenen Unterstützungssysteme nicht ausreichen, auf eine Förderschule. In der Regel – so die Ergebnisse von Lelgemann et al. – erfolgt der Wechsel während oder unmittelbar nach der Grundschulstufe. Eine nur begrenzt zur Verfügung stehende Fortführung des gemeinsamen Unterrichts in der Sekundarstufe erhöht die Übergangsquote. „Immer war es ein Bedingungsgefüge, das schließlich zu unverhältnismäßig hohen Belastungen auf Seiten der Schülerinnen und Schüler führte und die Eltern bewog, das integrative Anliegen zurückzunehmen und das eigene Kind auf einer Förderschule anzumelden" (Lelgemann et al. 2012b, 8). Häufig waren es Schüler, die einen umfangreichen Unterstützungsbedarf hatten.

Neben Aspekten der Unterrichtsorganisation und struktureller Fragen zeigte sich aus Sicht der Schüler selbst als Grund für ein Scheitern der inklusiven Beschulung eine fehlende Unterstützung durch den Lehrer bei (Kontakt-)schwierigkeiten mit den Mitschülern. Schüler wünschen sich Lehrer mit Empathie und pädagogischer Kompetenz, die sich informieren – auch über ihre Behinderung –, die die Initiative ergreifen und den Schüler bei Mitschülern und Kollegen unterstützen; Lehrer, die ansprechbar sind, Hilfe leisten und für Nachteilsausgleich sorgen (vgl. Uhrlau 2006, 256).

Aus Sicht der Schülerinnen und Schüler ist die Qualität gemeinsamen Lernens gleichzusetzen mit der Qualität der sozialen Teilhabe an der Schul- und Klassengemeinschaft (vgl. Walter-Klose 2012, 371).

Zahlreiche Untersuchungen weisen darauf hin, dass das Finden der sozialen Stellung in der Klasse für Schüler mit einer motorischen Beeinträchtigung erschwert sein kann. Schülerinnen und Schüler mit einer Körperbehinderung versuchen aus ihrer Sicht heraus sinnvolle Strategien zum Umgang und zur Überwindung der erlebten und gelebten Differenz einzusetzen. Sie setzen aktiv Strategien ein, um ein Teil der Gruppe zu werden oder zu bleiben, z. B. indem sie sich bemühen, ihre Behinderung zu verheimlichen, nicht aufzufallen und sich konform zu verhalten. Schüler verzichten auf Unterstützung durch Hilfsmittel, Schulbegleiter oder Nachteilsausgleiche, wenn sie dadurch soziale Ausgrenzung oder Schwierigkeiten mit ihren Mitschülern befürchten. Andere berichten, dass sie sich um ein durchgehend freundliches Verhalten bemühten oder versuchten, respektloses Verhalten anderer zu tolerieren oder sich über sich selbst lustig machten. Ansprüche an Freundschaften wurden mit der Zeit reduziert. Sie bemühten sich, so wenig wie möglich um Unterstützung zu bitten, um nicht die Beziehungen zu den Mitschülern zu belasten (vgl. Walter-Klose 2012, 372).

Anders formuliert sind dies Anpassungsleistungen der Schülerinnen und Schüler zur Absicherung des gemeinsamen Unterrichts, die sie selbst unter den aktuellen Bedingungen für notwendig erachten. „Der Einsatz spezifischer Strategien zur Förderung der sozialen Teilhabe und der Verzicht auf erforderliche Hilfestellungen, der sich negativ auf die Schulleistungen der Kinder auswirken kann, macht deutlich, wie wichtig Schülern mit Behinderung das soziale Leben in der Schule ist und wie sehr sie sich darum bemühen, Teil der Klassengemeinschaft zu sein", so fasst Walter-Klose (2013, 64) diese Ergebnisse seiner Studie zusammen.

In diesem Kontext zeigt sich, dass die Rolle des Schulbegleiters/ Integrationshelfers nicht unerheblich dazu beiträgt, ob eine soziale Integration erfolgen kann oder diese zusätzlich erschwert wird. Persönliche Assistenten können Schülerinnen und Schüler nachhaltig beim Lernen und der Partizipation an der Klassengemeinschaft unterstützen, eine zu enge Begleitung durch Assistenten wird dagegen von Schülern als wenig hilfreich bis hin zu stigmatisierend erlebt. Dies gilt nach Ansicht der Befragten insbesondere dann, wenn diese autonome Entscheidungen oder Interaktionen mit den Mitschülern blockieren (z. B. das alltägliche Gespräch mit dem Nachbarn).

Ein Einsatz der passenden technischen Hilfsmittel kann Schüler unabhängiger von dieser die Autonomie beschränkenden Art der Assistenz machen (vgl. Thiele 2013, 25).

Die meisten Untersuchungen zum Thema der sozialen Teilhabe und Eingebundenheit in die Klassengemeinschaft deuten darauf hin, dass Kinder und Jugendliche an der Schule für Körperbehinderte/ an einer Förderschule mit größerer Wahrscheinlichkeit soziale Akzeptanz ihrer Mitschüler erfahren und weniger von sozialen Schwierigkeiten berichten als Schüler im gemeinsamen Unterricht.

Viele, allerdings nicht alle Schüler, fühlen sich an der Förderschule besser sozial integriert. Auf der anderen Seite ist aufgrund größerer räumlicher Entfernungen zum Heimatort die Möglichkeit beschränkt, soziale Kontakte sowohl mit behinderten als auch mit nichtbehinderten Gleichaltrigen zu pflegen. Mehr Schülerinnen mit einer cerebralen Bewegungsstörung in Regelschulen haben in der Freizeit Kontakt mit nichtbehinderten Kindern.

Mehr Schüler an Förderschulen haben in der Freizeit keine Kontakte mit nichtbehinderten Kindern. Das wird vor allem von Eltern sehr schwer behinderter, nicht sprechender Schüler angegeben (vgl. Haupt/Wieczorek 2013, 16). In vielen Klassen des gemeinsamen Unterrichts kann eine hohe Akzeptanz von Schülerinnen und Schülern mit einer Körperbehinderung beobachtet werden (vgl. Walter-Klose 2012, 371ff.).

Neben der Schulorganisation, der Unterrichtsgestaltung, der Unterstützung durch Lehrkräfte scheinen auch Merkmale der körperlichen Beeinträchtigung ein Kriterium für erschwerte bzw. leichter zu ermöglichende Partizipation zu sein. „Besonders Schüler mit auffälligen oder abweichenden Verhaltensweisen, undeutlicher Sprechweise oder mit einem erhöhten Bedarf an Zeit für motorische Handlungen, unterliegen der Gefahr, ausgegrenzt oder diskriminiert zu werden. Leichter ist es für Menschen, die eine positive Grundstimmung und eine Vielzahl sozialer Kompetenzen mitbringen" (Walter-Klose 2012, 372).

Je nach Untersuchung berichten zwischen 30 und 100% der befragten Schüler von sozial schwierigen Situationen. Als solche wurden empfunden:
- Ausschluss vom Unterricht oder Ausflügen aufgrund fehlender Anpassungen
- das Erleben von Diskriminierungen bzw. sozialen Ausgrenzungen, wenn sie beispielsweise in Unterrichtssituationen separiert wurden.

Kinder und Jugendliche berichten von erlebten verbalen oder tätlichen Diskriminierungen aber auch von erlebten Freundschaften, die ihnen halfen, viele Belastungen zu bewältigen (vgl. Walter-Klose 2012, 371).

Auch Lelgemann et al. (2012a, 22) stellen fest, dass es an deutschen Schulen zu Hänseleien und Ausgrenzung bis hin zu körperlichen Gewalt gegen die Zielgruppe kommt. Unter anderem führt eine fehlende Transparenz beim Vorliegen eines Nachteilsausgleiches zu Neid und Missgunst. Es sind Ergebnisse, die auf einen nicht (immer) gelingenden Umgang mit Differenz aufmerksam machen (Jennessen et al. 2013, 38).

„Hier wird die Bedeutung der pädagogischen Haltungen und des gezielten pädagogischen Handelns evident, die ... zur Gestaltung diversitätsbewusster, antidiskriminierender Interaktionen und eines wertschätzenden Sozialklimas" (Jennessen et al. 2013, 38) notwendig sind.

Das aktuelle Kinderpanel des deutschen Jugendinstitutes (nach Jennessen et al. 2013, 55) weist noch einmal sehr deutlich auf den Zusammenhang zwischen Partizipation im Unterricht und schulischem Wohlbefinden hin. Internationale Studien kamen zu dem Ergebnis, dass die Nutzung von Hilfsmitteln, insbesondere Lagerungs-, Mobilitäts-, Schreib- und Kommunikationshilfen die Teilhabe der Schüler am gemeinsamen Unterricht erheblich verbessert.

Lehrer der allgemeinen Schule verfügten häufig jedoch kaum über Wissen über Hilfsmittel, stellten sie im Unterricht nicht zur Verfügung oder fühlten sich nicht für die Wartung der Hilfsmittel verantwortlich (vgl. Thiele 2013, 25).

...und Schülerinnen und Schüler mit mehrfacher und schwerster Behinderung?

Schülerinnen und Schüler mit geistigen oder gar schwermehrfachen Behinderungen, Schülerinnen und Schüler mit einem besonderen Bedarf an Unterstützung kommen in den aktuellen Studien als Schülerinnen und Schüler an Regelschulen kaum vor.

Die aktuelle Situation ist durch eine Eingrenzung auf einen bestimmten Personenkreis gekennzeichnet.

Die Akzeptanz der gemeinsamen Beschulung – hier festgemacht an möglichst wenig negativen Auswirkungen auf nichbehinderte Schüler – ist nach einer Einstellungsuntersuchung von Schwab et al. (2012) in den letzten Jahrzehnten – insbesondere für Schüler mit einer Körperbehinderung – deutlich angestiegen. Ihrer Untersuchung nach stagniert die Akzeptanz der Schüler mit einer geistigen Behinderung. Lehrer sahen negative Auswirkungen auf die nichtbehinderten Kinder durch gemeinsamen Unterricht am wenigsten durch Kinder mit einer Körperbehinderung gegeben, am ungünstigsten wurde die Integration von Kindern mit Verhaltensauffälligkeiten angesehen. Die Integration von Kindern mit einer geistigen Behinderung wurde ebenfalls als problematischer in ihren Auswirkungen auf die nichtbehinderten Schülerinnen und Schüler eingeschätzt (vgl. Schwab et al. 2012, 61f.).

In Antwort auf die Frage, welche Schüler mit sonderpädagogischem Förderbedarf sich Lehrerinnen und Lehrer an ihrer Schule vorstellen könnten, begrüßen sowohl Lehrkräfte mit als auch ohne Erfahrung in inklusiven Settings die gemeinsame Beschulung mit einer motorischen Beeinträchtigung uneingeschränkt. Skeptischer werden die Umsetzungsmöglichkeiten für Schülerinnen und Schüler mit zusätzlichem erhöhtem Hilfe- und Pflegebedarf eingeschätzt. Eine deutlich höhere Reserviertheit findet sich bezüglich der Schülergruppe mit zusätzlicher kognitiver Beeinträchtigung.

Diese Einschätzung äußerten sowohl erfahrene als auch Lehrer ohne jegliche integrative Erfahrung. Dabei positionierten sich Lehrkräfte mit Erfahrung vorsichtig positiver – mit deutlich artikuliertem Handlungsbedarf, wenn die Umsetzung gelingen soll (vgl. Lelgemann et al. 2012a, 47ff.).

Ein großer Teil der befragten Lehrkräfte aus inklusiven Settings spricht sich bei dieser Schülergruppe für eine Beibehaltung der Schulen mit dem Förderschwerpunkt motorische Entwicklung aus (vgl. Lelgemann et al. 2012a, 49). Analoge Ergebnisse zeigten sich bei der Befragung von Eltern nichtbehinderter Kinder. Kinder mit schwerster Behinderung können sie sich am wenigsten in einer Klasse mit ihrem eigenen Kind vorstellen (vgl. Lelgemann et al. 2012a, 48), wobei auch hier noch eine Bereitschaft von 25% besteht. Auch Eltern schwerstbehinderter Kinder äußern ihre Skepsis hinsichtlich der gemeinsamen Beschulung ihres Kindes an einer Regelschule. So können sich viele Eltern heute die gemeinsame Beschulung ihrer Kinder mit schwerster Behinderung an Regelschulen noch nicht vorstellen. Sie können sich noch nicht vorstellen, dass das Recht auf Bildung anders zu sichern ist als an einer Förderschule (vgl. Haupt/Wieczorek 2013, 19).

Die befragten Lehrerinnen, Lehrer und Eltern verwiesen parallel zu ihrer Skepsis oder Zustimmung auf häufig fehlende Rahmenbedingungen, fehlende Ausbildung und fehlendes Wissen, das die konkrete Umsetzung erschwert und zu Überforderungen führt. Döbert und Weishaupt (2013, 8) fordern: „Eine erfolgreiche Professionalisierung erfordert vor allem die Verknüpfung von Einstellung, Wissen und Handeln. Wie verschiedene Studien gezeigt haben, ist eine positive Einstellung gegenüber der Inklusion zwar eine notwendige Voraussetzung jedoch keine hinreichende Bedingung für die erfolgreiche Implementierung eines inklusiven Bildungswesens. Das gilt auch für die Vermittlung des erforderlichen Wissens".

Gerade letzter Punkt beschäftigt auch Eltern. In verschiedenen Untersuchungen wurden Eltern als Experten dazu befragt, was für sie eine gute Schule für ihre Kinder ausmacht, was sie sich für ihre Kinder von Schule wünschen, so auch in der Studie „Zur schulischen Situation von Schülerinnen und Schülern mit cerebralen Bewegungsstörungen". Die Angaben der Eltern zeigen, wie intensiv sie sich mit der Situation ihrer Kinder in der Schule auseinandersetzen. Sie haben klare Vorstellungen darüber, wie die Förderung und das Lernen ihrer Kinder gestaltet sein sollte. Bei der Wahl der Schule – Förderschule oder Regelschule – gehen die Meinungen aufgrund von Erfahrungen auseinander.

Manche vertreten nachdrücklich den Weg durch die Regelschule, andere sind skeptisch bezüglich der Möglichkeiten der Regelschule für ihr Kind und sind sehr zufrieden mit dem, was die Förderschule für ihr Kind tun kann. Sie wünschen sich aber eine größere Nähe zur Regelschule, Formen der Zusammenarbeit und eine stärkere Öffnung in die Gesellschaft hinein (vgl. Haupt/Wieczorek 2013, 12ff.). Die Zufriedenheit mit der Schule für Körperbehinderte ist bei den Eltern von sehr schwer behinderten Kindern besonders hoch. Nicht wenige Eltern wünschen sich vertrauensvolle Kontakte und Gespräche mit den Lehrern, die eher möglich sind, wenn die Lehrkräfte bessere Kenntnisse über Besonderheiten der Kinder haben oder erwerben. Auf die Frage: was sollten Lehrer wissen, wenn sie ihr Kind mit einer cerebralen Bewegungsstörung unterrichten – unabhängig vom Schulort – antworteten die Eltern folgendes:

- „Gute Kenntnisse über cerebrale Bewegungsstörungen mit den möglichen Einschränkungen, auch mit schweren und mehrfachen Behinderungen, über Hilfen und Hilfsmitteln
- Grundkenntnisse möglicher Wahrnehmungsbeeinträchtigungen und deren Berücksichtigung im Unterricht
- Besonderheiten der Diagnostik (Diagnostik, die nicht benachteiligt)
- Nachteilsausgleiche für Schülerinnen und Schüler in Regelschulen
- Lernen, wie man gute Lernorte schaffen kann mit individueller und gemeinsamer Förderung
- Erfahrungen an einer (Förder-) Schule für körperbehinderte Schülerinnen
- Zusammenarbeit mit Eltern
- Zusammenarbeit mit Fachkräften, Regelschullehrern, Therapeuten, Schulbegleitern
- Lernen, wie man nichtbehinderten Kindern Behinderungen erklären und wie man das soziale Miteinander in der Schule unterstützen kann" (Haupt/Wieczorek 2013, 15)

Die Frage nach der Notwendigkeit sonderpädagogischer Expertise beantworten Eltern – insbesondere der schwer behinderten Kinder – somit sehr eindeutig.

Insgesamt liegen bisher nur wenige Erfahrungen zum gemeinsamen Unterricht an der Regelschule mit schwerstbehinderten Kindern mit nicht immer eindeutig auswertbaren Schülerbeschreibungen vor. Eindeutig steht in allen Berichten, Erfahrungen, persönlichen Beobachtungen die Frage nach der Umsetzung geeigneter Bildungsinhalte im Rahmen gemeinsamen Un-

terrichts im Raum. Klauß (2010, 283) beschreibt die Gefahren wie folgt: Kinder erleben:
- Lernziele, die ihnen nicht entsprechen,
- Lernwege, die sie nicht mitgehen können,
- Lernmaterial, mit dem sie nicht lernen können,
- fehlende Unterstützung, die sie zum Lernen benötigen,
- eine Sprache, die sie nicht verstehen und nutzen können
- verweigerte Kooperation mit ihnen

Sauter (2013, 6) stellt in diesem Kontext zur Diskussion, dass „eine Bildung für Alle den bildungstheoretisch zeitgemäßen aber bildungspraktisch äußerst diffizilen Anspruch umsetzen muss, um das gesamte Heterogenitätsspektrum abzudecken". Haupt (2011, 268) fasst die anstehende Aufgabe zusammen. „Es ist notwendig, den Bildungsauftrag der Schule für diese Kinder inhaltlich zu bestimmen" über die Grundbausteine der sorgsamen Pflege, der Bewegungs- und Ausdrucksförderung eingebunden in eine responsive Beziehungsgestaltung hinaus. „Die Forderung nach voller Inklusion in eine allgemeine Schule ohne klare Beschreibung geeigneter Bildungsinhalte lässt aber den Bildungsauftrag für diese Kinder zu ihrem Nachteil offen" (Haupt 2011, 268).

Diese Aufgabe stellt sich sowohl der Regelschule, die weitergehende Angebote und Zugangswege in ihr Repertoire aufnehmen muss, als auch der Schwerstbehindertenpädagogik, die die Einheit von Bildung und Entwicklung näher bestimmen und ausgestalten muss, damit Bildung für diese Kinder gesichert wird und es nicht nur das Ziel ist, Schulbesuch zu ermöglichen. Gemeinsam mit der Regelschule, eingebunden in die Diskussion mit den Fachdidaktikern, gilt es Wege zu möglichen Formen gemeinsamen Lernens zu finden. Geeignete und notwendige Bildungsinhalte gilt es in Zusammenarbeit mit all den Erfahrungen, wie sie jahrzehntelang an der Schule für Körperbehinderte gesammelt wurden, zu sichten, zu ordnen und in Formen gemeinsamen Unterrichts zu transferieren.

Gelingensfaktoren

Momentan besuchen Kinder und Jugendliche mit einer Körperbehinderung Sonderschulen und inklusive Einrichtungen. Noch besuchen Schüler mit einer umfänglichen Ausdrucksbehinderung, hohem Zeit-, Pflege- und Therapiebedarf überwiegend Sonderschulen. Partizipation am Unterricht und am Schulleben der Regelschule ist aktuell für Schülerinnen und Schüler mit weniger schweren Beeinträchtigungen eher möglich.

Viele Regelschulen können aktuell einem hohen Pflege- und Unterstützungsbedarf noch nicht genügend entsprechen. Sie verfügen meist weder über angemessene personelle oder sächliche Ressourcen noch über eine geeignete räumliche Ausstattung. Noch scheint eine gelungene Inklusion darauf angewiesen zu sein, dass sowohl die Schüler selbst als auch ihre Familien Ressourcen aufweisen, die eine gemeinsame Beschulung möglich werden lassen, durchsetzen und aufrecht erhalten.

„Aufgrund dieser Ergebnisse kann angenommen werden, dass die Möglichkeiten der Zielgruppe und ihrer Familien zu einer Anpassungsleistung an eine Schule mit zielgleichem Unterricht bis zur Grenze der Zumutbarkeit ausgeschöpft sind, so dass zukünftig die Möglichkeiten einer Anpassungsleistung der Schule verstärkt in den Blick zu nehmen sind" so fasst Thiele (2013, 26) Stand und Aufgabe der aktuellen Ist-Lage für Schüler mit einer Körperbehinderung zusammen.

Inklusion aller Schüler muss zum Ziel haben, entsprechende Bedingungen auf Seiten der Schule sowie im außerschulischen Bereich zu schaffen, damit das Gelingen schulischer Inklusion in deutlich geringerem Maße als bisher von den benannten Einflussfaktoren abhängig ist. Persönlichkeitseigenschaften der Schülerinnen und Schüler dürfen ebenso wenig ein Ausschlusskriterium bleiben, wie die sozio-ökonomische Lage der Familie exkludierend wirken darf.

Die Inklusion von Schülerinnen und Schülern mit einer Körperbehinderung erfordert neben einer barrierefreien Raum- und Gebäudegestaltung, auch soziale, personenbezogene und rehabilitative Unterstützungsmaßnahmen (vgl. Walter-Klose 2013, 60). Nicht für jeden Schüler mit dem Förderbedarf körperliche und motorische Entwicklung müssen alle Bedingungen erfüllt sein; um aber schulische Inklusion für alle Schülerinnen und Schüler mit diesem Förderschwerpunkt zu ermöglichen, muss eine inklusive Schule diese Bedingungen erfüllen (können).

„In dem Maß, in dem sich allgemeine zu inklusiven Schulen entwickeln, kann sich die Notwendigkeit spezieller Schulen verringern. Dies ist ein abhängiger Prozess. Für Kinder, die (derzeit, Anm. M.W.) nur in sonderpädagogischen Einrichtungen eine angemessene Förderung erhalten können, sind Förderschulen keine benachteiligenden Einrichtungen" (Haupt 2011, 258f.). Damit Regelschulen für weit mehr Schülerinnen und Schüler mit einer Körperbehinderung als bislang zu einem Ort bestmöglicher Bildung werden können, lassen sich aus den bisher dargestellten Zusammenhängen förderliche Faktoren für ein mögliches Gelingen ableiten:

- Sonderpädagogische Expertise muss als zuverlässiges Angebot zur Verfügung stehen. Diese kann je nach Situation und Bedarf im Sinne von geeigneten Beratungs- und Kooperationsmöglichkeiten gesichert sein oder aber über Teamteaching und einem 2-Lehrer-Modell zwischen einem Körperbehindertenpädagogen und einem Regelschullehrer erfolgen
- Kenntnisse um Hilfsmittel, Bewegungserleichterung, deren Bedeutung und Einsatzmöglichkeiten im Unterricht können die Partizipation am Unterricht erhöhen und damit zu einer höheren Schulzufriedenheit beitragen
- Eine differenzierte Didaktik, die auch dann zu einer bestmöglichen Bildung aller Schüler beitragen kann, wenn die erforderlichen Lern- und vorliegenden Entwicklungsbedingungen komplex sind
- Umgang mit Heterogenität als Aufgabe aller Schulen mit dem Einlösen des Rechts auf einen gültigen Nachteilsausgleich und der Sicherung spezifischer Lerninhalte, die sich aus der jetzigen und zukünftigen Lebenssituation der Schüler ergeben
- Sicherung der therapeutischen und pflegerischen Versorgung auf unter schiedlichen Wegen
- Barrierefreiheit und Anpassung der Unterrichtsstrukturen
- Pädagogisches Handeln, das zur Gestaltung diversitätsbewusster, antidiskriminierender Interaktionen und Situationen und eines wertschätzenden Sozialklimas beiträgt (vgl. Jennessen et al. 2013)
- Unterstützung der Schülerinnen und Schüler in der Entwicklung eines stabilen Selbstkonzeptes, damit Interaktionen initiiert und schwierige Interaktionen erfolgreich bewältigt werden können

- Geeignete Rahmenbedingungen in der Lehrerausbildung, der Ausstattung der Schulen, die dazu beitragen, dass eine positive Einstellung zum gemeinsamen Unterricht für möglichst viele Schülerinnen und Schüler gestützt und gestärkt wird
- Gezielte Unterstützung der weiterführenden Schulen auf ihrem Weg zu einer inklusiven Schule
- Vielfalt im Schulsystem – damit individuellen Lern- und Entwicklungsbedürfnissen unter Berücksichtigung familiärer Ressourcen entsprochen werden kann und die Entscheidung für eine Schule eine Qualitätsentscheidung sein kann.

Alle diese Angebote gilt es unter der Folie bestmöglicher Verträglichkeit für das einzelne Kind und seiner Familie zu betrachten. Nicht immer passen Schulstruktur und Unterstützungsangebote vor Ort zu dem individuellen Bedarf, aber auch nicht immer passt umfassende sonderpädagogische Begleitung zu dem, was für Schüler Partizipation bedeutet. Lehrer in der Inklusion berichten immer wieder, dass neben einem Fehlen von strukturellen, räumlichen und didaktischen Bedingungen die Auseinandersetzung mit dem Umgang mit Verschiedenheit für die inklusiv beschulten Kinder die größte Herausforderung darstellt.

Die Unterstützung im Finden einer Balance zwischen dem Schutz vor gesundheitlichen Schädigungen oder vermeidbaren Lernhemmnissen und dem Wunsch nach Gleichheit der Schüler wird neben den didaktischen Aufgaben eine der Herausforderungen im Kontext Inklusion im Förderschwerpunkt körperliche und motorische Entwicklung bleiben.

Anmerkungen

Im Text werden die Begriffe Integration/Inklusion und gemeinsamer Unterricht – bei aller theoretischen Unterschiedlichkeit – synonym verwendet. Einige der dargestellten Ergebnis und Erkenntnisse wurden zu einer Zeit erhoben, als in der Fachdisziplin noch der Terminus Integration gebräuchlich war. Auch zeigt sich, dass viele der Befragten zur Frage der gemeinsamen Beschulung die Begriffe Integration/Inklusion in unterschiedlicher Weise verwenden.
Alle aufgeführten Studien haben sich mit unterschiedlichen methodischen Zugängen der Frage genähert: Was sind aus den unterschiedlichen Blickwinkeln der Kinder, Jugendlichen, Eltern, Lehrer Gelingensbedingungen für eine bestmögliche Bildung im gemeinsamen Unterricht an einer Regelschule. Welche Bedingungen wären für die Ausgestaltung einer inklusiven Lernkultur hilfreich und welche Bedingungen tragen in erfolgreichen inklusiven Settings zum Gelingen

bei, aber auch welche führten zum Abbruch des gemeinsamen Unterrichts.
Die Fragebogenerhebung von Haupt und Wieczorek befragte Eltern "Zur schulischen Situation von Kinder und Jugendliche mit cerebralen Bewegungsstörungen in der Schule". Walter-Klose hat in einer Literaturrecherche nationale und internationale Studien zum gemeinsamen Unterricht von Schülern mit einer Körperbehinderung gesichtet und ausgewertet. Lelgemann und Mitarbeiter haben in Nordrhein-Westfalen Lehrer, Eltern und Schüler per Fragebogen und Interviews zu ihren Erfahrungen, Meinungen und Einstellungen zum gemeinsamen Lernen befragt.

Alle Studien gelangen zu wichtigen Einblicken in die Schulsituation der Kinder und Jugendlichen – ohne repräsentativ im Sinne der Statistik zu sein.

Literatur

Döbert, H.; Weishaupt, H. (Hrsg.): Inklusive Bildung professionell gestalten. Situationsanalyse und Handlungsempfehlungen. Münster 2013

Ehrenstein, M.: Ein Schulort für Matthias und Sebastian – Körperbehinderte Kinder mit besonderen Förderbedürfnissen in der Grundschule. In: Haupt, U.; Wieczorek, M. (Hrsg.): Brennpunkte der Körperbehindertenpädagogik. Stuttgart 2007, S. 150-179

Haupt, U.: Eltern berichten über Erfahrungen mit der Schule ihrer körperbehinderten Kinder. In: Zeitschrift für Heilpädagogik 4/1997, 152-156

Haupt, U.: Behindert und gefördert. Kinder mit Körperbehinderungen in unserer Gesellschaft. München 2011

Haupt, U.; Wieczorek, M.: Kinder und Jugendliche mit cerebralen Bewegungsstörungen in der Schule. Erfahrungsberichte von Eltern. Düsseldorf 2013

Jennessen, S., Kastirke, N.; Kotthaus, J.: Diskriminierung im vorschulischen und schulischen Bereich. Eine sozial- und erziehungswissenschaftliche Bestandsaufnahme. Expertise im Auftrag der Antidiskriminierungsstelle des Bundes . o.O. 2013

Klauß, Th.: Qualifizierung von Lehrerinnen und Lehrern für eine Schule für Alle. In: Hinz, A.; Körner, I.; Niehoff, U. (Hrsg.): Auf dem Weg zur Schule für alle. Marburg 2010, 281-296.

KMK: Sonderpädagoische Förderung in Schulen 2003-2012, Berlin 2014 http://www.kmk.org/fileadmin/pdf/Statistik/Dokumentationen/Dokumentation_SoPaeFoe_2012.pdf (zuletzt gesichtet am 12.2.2014)

Lelgemann et al.: Forschungsprojekt: Qualitätsbedingungen schulischer Inklusion für Kinder und Jugendliche mit dem Förderschwerpunkt körperliche und motorische Entwicklung. Köln 2012a (www.uni-wuerzburg.de/fileadmin/06040400/downloads/Forschung/Zusammenfassung_Forschungsprojekt_schulische_Inklusion.pdf) (zuletzt gesichtet am 20.12.2013)

Lelgemann, R.; Singer, Ph.; Walter-Klose, Ch.; Lübbeke, J.: Qualitätsbedingungen schulischer Inklusion für Kinder und Jugendliche mit dem Förderschwerpunkt Körperliche und motorische Entwicklung. In: Zeitschrift für Inklusion 4/2012b (www.inklusion-online.net/index.php/inklusion/article/viewArticle/191/179)

Sauter, S.: Bildung für alle – Schule für alle? – Ausblicke auf ein schulpädagogisches Spannungsfeld im Kontext von Steuerungslogik und der aktuellen Debatte um Inklusion. In: Zeitschrift für Inklusion 1/2013 (www.inklusion-online.net/index.php/inklusion/article/viewArticle/205/186 (zuletzt gesichtet am 20.12.2013)

Schwab, S. et al.: Auswirkungen schulischer Integration auf Kinder ohne Behinderung – eine empirische Analyse von LehrerInneneinschätzungen. In: Heilpädagogische Forschung 2/2012, S. 54-65

Thiele, A.: Auf dem Weg zu einer Schule für Alle: Zur mehrdimensionalen Analyse von Partizipationsbarrieren und Unterstützungsbedarfen in Anbetracht von Schülerinnen und Schülern mit einem Förderbedarf im Bereich Körperliche und Motorische Entwicklung. In: Zeitschrift für Heilpädagogik 1/2013, S. 24-31

Uhrlau, K.: „Es war eine harte Schule". Oldenburg 2006

Walter-Klose, Ch.: Kinder und Jugendliche mit Körperbehinderung im gemeinsamen Unterricht. Befunde aus nationaler und unternationaler Bildungsforschung und ihre Bedeutung für Inklusion und Schulentwicklung. Oberhausen 2012

Walter-Klose, Ch.: Kinder und Jugendliche mit Körperbehinderung im gemeinsamen Unterricht. In: Zeitschrift für Grundschulforschung 1/2013, 59-71

Wieczorek, M.: Der Nachteilsausgleich: gesetzliche Grundlagen und praktische Umsetzungsmöglichkeiten. In: Wieczorek, M.; Haupt, U. (Hrsg.): Cerebrale Bewegungsstörungen bei Schülerinnen und Schülern. Hilfen bei Schwierigkeiten im Schulalltag. Düsseldorf 2013, S. 31-36

Kerstin Merz-Atalik

Einblicke in inklusive Schulen und Klassenzimmer national und international

Seit 1988 arbeitet die Autorin zunächst in der Praxis als Sonderpädagogin in integrativen[1] Schulklassen in Berlin, danach als wissenschaftliche Mitarbeiterin (ab 1995) und seit dem Jahr 2002 als Professorin in der Sonderpädagogik an verschiedenen Hochschulen Deutschlands an den Fragen der Umsetzung von einer gemeinsamen Bildung von Schülerinnen und Schülern mit unterschiedlichen Ausgangsvoraussetzungen und Entwicklungsprozessen in Bezug auf das schulische Lernen. Eine wesentliche Erkenntnis für ihre Arbeit ist es, dass es sich bei Inklusion um einen mehrseitigen Prozess der Annäherung handelt und man Inklusion nicht nur als theoretischen Gegenstand vermitteln kann, sondern ihn erfahrbar machen muss.

Daher bietet sie seit vielen Jahren regelmäßig Exkursionen und Hospitationen für Lehrerinnen und Lehrer, Studierende und Mitarbeiterinnen bzw. Mitarbeiter der Schuladministration an inklusive Schulen an (so z.B. nach Südtirol/ Italien). Die zu beobachtenden, im Laufe der Jahre gewachsenen Erfahrungen in der schulischen Praxis haben eine stärkere Überzeugungskraft als viele wissenschaftliche Forschungserkenntnisse, die ebenfalls überwiegend den Weg der inklusiven Bildung unterstützen (vgl. Merz-Atalik 2014b). Daher soll auch dieser Beitrag vorrangig Einblicke in gelingende Praxis gewähren.

1. Was macht inklusive Schulen aus?

Eine inklusive Schule zeichnet sich dadurch aus, dass sie zunächst generell alle Kinder im Wohneinzugsgebiet aufnimmt. Sie ist eine Schule, in der Kinder und Jugendliche gemeinsam lernen, ohne dass sie aufgrund ihrer individuel-

---

1 Anfang der 90er Jahre wurde in Berlin das eingeschränkte Elternwahlrecht für Integration geschaffen. Eltern hatten für ihr Kind mit einer Behinderung oder Benachteiligung die Schulwahl zwischen einer Regelschule und einer Sonderschule. Dazu wurden an den Regelschulen sogenannte Schulhelfer/innen gesucht, die sonder- oder sozialpädagogische Qualifikationen hatten und die Lehrkräfte bei der schulischen Integration unterstützten.

len Besonderheiten (Diversitäten) und Unterschiede (Differenzen) voneinander getrennt werden. Das Konzept der Inklusion geht damit über die bislang proklamierte Integration hinaus, indem es nicht nur um eine erweiterte Aufnahmebereitschaft für ausgewählte Schülerinnen oder Schüler bzw. Gruppen geht, sondern um eine wertschätzende Perspektive auf alle Lernenden.

Wenn wir uns die Frage stellen, welche Kriterien inklusive Schulen erfüllen sollten, können wir uns unter anderem in zwei Richtungen orientieren:

1. Wir forschen danach, was die Forscherinnen/ Forscher oder Wissenftlerinnen/ Wissenschaftler dazu so sagen. Bereits seit 30 Jahren wird in Deutschland die Entwicklung des gemeinsamen Unterrichts in heterogenen Lerngruppen wissenschaftlich begleitet und die Effekte auf die Entwicklung der Schülerinnen und Schüler mit und ohne Behinderungen oder Beeinträchtigungen evaluiert (vgl. u.a. Merz-Atalik 2013; Merz-Atalik2014b). Nahezu alle Bundesländer haben in den vergangenen Jahrzehnten Modellprojekte oder Schulversuche installiert und diese wissenschaftlich begleitet. Zudem wurden seit Mitte der siebziger Jahre die Erfahrungen von zahlreichen Einzelschulen oder Klassen mit integrativem oder inklusivem Setting in ihrer Entwicklung dokumentiert und wissenschaftlich ausgewertet. Eine Übersicht über die Forschungserkenntnisse national als auch international zeigt, dass inklusive Bildung gelingen kann und sich in der Regel positiv auf die Lern- und Leistungsentwicklung sowie die soziale Entwicklung und Akzeptanz (vgl. ebd.) auswirkt.
2. Eine weitere Möglichkeit des Erkenntnisgewinns liegt darin, sich sozusagen „ausgezeichnete" – in einem doppelten Sinne des Wortes – Beispiele aus der Praxis anzusehen. Seit nunmehr 4 Jahren wird ein spezifischer Schulpreis vergeben für inklusive Schulen. Es handelt sich um den Jakob-Muth-Preis der Bertelsmann Stiftung, der auf eine Initiative von Frau Prof. Dr. Jutta Schöler in Berlin zurück zu führen ist. Er wird im Andenken an Jakob Muth[2] seit 2008 in Deutschland vergeben. Ein ausgewähltes Gremium aus Wissenschaftlerinnen und Wissenschaftlern, aus Lehrerinnen und Lehrern, Schulleitungen, Vertreter/-innen von Verbänden und Eltern hat

---

2 Prof. Dr. Jakob Muth (Geboren am 30. Juni 1927 in Rheinhessen; Verstorben 1993) hat sich zeit seines Lebens für die Integration behinderter Kinder ins Schulwesen engagiert, unter anderem als Lehrstuhlinhaber an der Universität Bochum sowie als Mitglied- des deutschen Bildungsrates.

vor der ersten Ausschreibung einen Kriterienkatalog erarbeitet, der als Entscheidungsgrundlage für die Auswahl der Schulen dienen sollte. Interessant ist hier, dass der Aspekt der Leistung an erster Stelle steht und zwar für alle Schülerinnen und Schüler.

Kriterien für den Jakob-Muth-Preis für inklusive Schulen:
- **Inklusion und Leistung:** Welche Leistungen erbringen die Schülerinnen und Schüler in unterschiedlichen Feldern (kognitiv, sozial, künstlerisch, sportlich etc.)?
- **Qualitätsmanagement mit inklusivem Leitbild:** Wie gut entwickelt sich die Schule weiter (z.B. Steuerung, Fortbildung, Evaluation)?
- **Inklusive Lehr- und Lernkultur:** Wie gut fördert der Unterricht das selbstständige und kooperative Lernen der Kinder und wie gut arbeiten Pädagogen in Teams zusammen?
- **Inklusion durch Mitwirkung:** Wie werden die Schülerinnen und Schüler sowie die Eltern in die Schulentwicklung einbezogen?
- **Inklusion durch Zusammenarbeit:** Wie gut kooperiert die Schule mit anderen Bildungseinrichtungen und wie vernetzt ist sie mit dem Umfeld?[3]

Diese Kriterien entsprechen den Forschungserkenntnissen aus dem deutschsprachigen und internationalen Raum ebenso, wie den Erfahrungen vieler Schulen in der Praxis.

1.1. Gestaltung von Schulen

Schulen die der real existierenden Vielfalt der Schülerinnen und Schüler gerecht werden wollen, müssen auf eine Vielfalt an Unterrichtsformen, -methoden und Lernangeboten zurückgreifen (vgl. Wocken 2012). Darüber hinaus benötigen sie, das zeigen insbesondere auch die im Weiteren dokumentierten internationalen Erfahrungen, ein multidisziplinäres Team und Kollegium, zu dem verschiedene Professionen (Sozialpädagogik, Sonderpädagogik, medizi-

---

[3] Die Bewerbungsunterlagen sowie einen Flyer mit weiteren Informationen entnehmen sie der Homepage zu dem Jakob-Muth-Preis. URL: http://www.jakobmuthpreis.de/bewerbung/kriterien/

nische Fachkräfte, etc.) und professionelle Rollen im Unterricht und Schulleben (Lehrer/-in, Berater/-in, Lernbegleiter/-in, Förderung, ...) zählen.

Grundsätze der Schulen sind, dass sie die Diversität der Kinder zum Ausgangspunkt der Gestaltung des Schullebens (Kultur und Organisation) machen. In der Regel lässt sich diese Zielsetzung am Schulkonzept oder am Leitbild der Schulen erkennen. Sie nehmen die Vielfalt und Diversität aller Lernenden als Normalität und im Idealfall als Bereicherung wahr und versuchen nicht, durch homogenisierende Strukturen und Organisationsformen dieser normalen Vielfalt oder Diversität zu begegnen mit dem Ziel sie zu reduzieren.

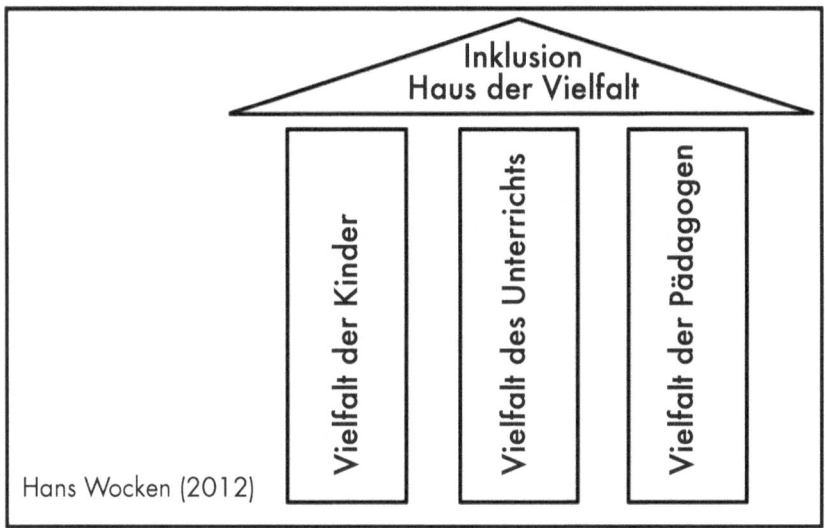

1.2. Gestaltung von Lernumgebungen und Unterricht

Lernen, Leistung und Chancengerechtigkeit sind Aufgaben und Herausforderungen für alle Schulen. Die Gewichtung dieser drei Aspekte scheint jedoch aktuell sehr stark zu differieren zwischen den einzelnen Schulformen und –stufen. An den Gymnasien ist die Förderung der Leistung eine besondere Zielsetzung und so entnehme ich bspw. der Homepage eines Gymnasiums in Baden-Württemberg: „die Leistungsträger unserer Gesellschaft" zählen zu unserer Schülerschaft. An den Sonderschulen oder Förderschulen hingegen, bzw. auch an den Hauptschulen wird der Begriff der Leistung nur sehr viel geringer konnotiert (vgl. Merz-Atalik 2014 i.E.).

Dort kann man im Rahmen der Schulkonzepte bspw. sehr stark die Forderung und das Mandat für eine größere Chancengerechtigkeit der eigenen Schülerpopulation entnehmen. Lernen findet an allen diesen Schulen statt und unterscheidet sich nur durch den Grad der Individualisierung, der Erwartungen und der Methoden, bzw. auch durch das Maß der speziellen Förderung.

Wir wissen, dass Lernen ein äußerst individueller Prozess ist (Abbildung 2; Zeile 1). Jeder lernt anders, hat unterschiedliche Begabungen, Interessen, motivationale Grundhaltungen etc. Damit das Lernen aller Kinder von Erfolg gekennzeichnet ist, ist es erforderlich von den Kompetenzen und nicht von den Defiziten eines Kindes auszugehen (vgl. Merz-Atalik 2013).

Lernen	Individuell	Fähigkeit-/ Kompetenz- basiert	Sozialer Prozess	Diversität als Ressource
Schüler/in	Jede/r lernt anders	Jede/r kann lernen	Jede/r lernt in sozialen Kontakten	Jede/r lernt in Vielfalt durch Vielfalt
Lernsituationen (Unterricht)	Individuelle Lernziele, Lernangebote und Hilfen (inkl. Diagnose, Bewertung)	Fähigkeitsorientierung (inkl. Diagnose, Bewertung)	Kooperative Lernformen und -settings	Diversität als Ressource
Lehrer/in	Schülerorientierung	Entwicklungsorientierung	Interaktionsorientierung	Diversitätsorientierung
Bildungssystem und Schule	Eine Schule für alle	Vielfältige, individualisierbare Entwicklungsangebote	Gemeinsamkeit der Verschiedenen	Diversität als Ausgangspunkt und Ziel

tung und die Bewertung von Lernprozessen (im inklusiven Unterricht). (Merz-Atalik 2013, 73)

Das aktuelle Bildungssystem unterstützt einen Lernbegriff, der bei den Kindern häufig Ablehnungsreaktionen hervorruft. „Och schon wieder lernen…!" Die schulischen Lern- und Leistungserwartungen sind oftmals zu wenig mit der aktuellen Lebenswelt, den vorhandenen Kompetenzen und den spontanen Interessen der Schülerinnen und Schüler verbunden. „Non vitae, sed scholae discimus⁴" (Nicht für das Leben, sondern für die Schule lernen wir.) entspricht leider trotz vielfacher gegenteiliger Bekundungen den Erfahrungen eines Großteils der Schülerinnen und Schüler. Schule sollte in einem demokratischen Sinne den Schülerinnen und Schülern mehr Einfluss und Mitbestimmung geben über ihren Lernprozess und die Lernziele.

Lernen ist, das wissen wir nicht erst seit den Erkenntnissen der Neurowissenschaften, ein sozialer Prozess. Dies wird einerseits auf das sogenannte Modellernen/ Imitationslernen zurückgeführt (ein Kind beobachtet andere und wird motiviert selbst etwas zu lernen) aber auch auf das kommunikative Lernen (also zum Beispiel die Ko-Konstruktion). Dies sind die Faktoren in einem inklusiven Unterricht, die zu den durchweg besseren Lernergebnissen von Schüler/innen mit einem Lernförderbedarf in Integrationsklassen oder inklusiven Schulen geführt haben (vgl. Merz-Atalik 2013; 2014b).

Wissen wird nicht passiv erworben, sondern aktiv konstruiert. Es ist also ein konstruktiver und ko-konstruktiver Prozess mit der Umwelt, es erfolgt situativ und in sozialen Prozessen. Dabei sind Differenzerfahrungen durchaus fruchtbare Lernanlässe: Zum Beispiel wenn die Kinder unterschiedliche Lösungswege für ein und die gleiche Rechenoperation haben und sich darüber austauschen. So können im Rahmen von kooperativen Lernprozessen wichtige Impulse für das eigene Lernen entstehen. Dabei geht es darum, die vielfältigen Lernwege und -ziele im Rahmen eines gemeinsamen Curriculums zu verknüpfen.

Die Bildungspolitik nimmt diese Erkenntnisse zum Lernen zunehmend ernster und es gibt vielfältige Initiativen im Bildungssystem, die Individualität beim Lernen stärker zu berücksichtigen. Der Schritt dazu, dass Diversität als grundlegende Ressource für Lernen gesehen wird und die Vielfalt der Kinder zum Ausgangspunkt für die Gestaltung von Systemen und Institutionen gemacht wird steht jedoch weitgehend noch aus. Daraus ergibt sich eine Art anomische Spannung für alle Beteiligten (Schüler/-innen, Lehrer/-innen, Eltern) im Bildungssystem: Einerseits wird mehr Individualisierung und Kompetenzorientierung auf der Ebene von Unterricht und Lernangeboten gefordert, so auch in Baden-Württemberg, andererseits sind auf der Ebene der Schulsysteme die Rahmenbedingungen und Ausstattungsmerkmale der Schulen oftmals der veränderten Pädagogik noch nicht ausreichend angepasst.

---
4   Zitiert nach dem römischen Autor und Philosophen Seneca (4 v. Chr. bis 65 n. Chr.) im 106. Brief an seinen Freund Lucilius.

1.3. Individuelle Lernbegleitung und Förderung

Die hier aufgeführten Schlussfolgerungen aus den Erkenntnissen für das Lernen gelten explizit nicht nur für eine bestimmte Schulform oder –stufe oder gar Schülerpopulation.

Das Ziel der weitest gehenden Inklusion und Partizipation aller an den gesellschaftlichen Werten und Offerten ist sicher unbestritten. In unserem Bildungssystem versuchen wir nach wie vor, durch segregierende Maßnahmen das Ziel der Integration oder Inklusion zu erreichen. Das hat dazu geführt, dass die Qualifikationen und Kompetenzen im Umgang mit individuellen Bedürfnissen und Lernausgangslagen unter den Institutionen heute ungleich verteilt sind. So finden sich die Kompetenzen der Individualisierung, der individuellen Förderung und der Differenzierung im Unterricht in der Regel stärker an den Schulen der unteren Bildungsgänge und in den Sonder- bzw. Förderschulen. An den Schulen der höheren Bildungsgänge wie den Realschulen und Gymnasien hingegen sind in der Regel andere Kompetenzen stärker vertreten, wie beispielsweise eine wissenschaftsgeleitete Fachwissenschaft. Diese Qualifikationen und Kompetenzen müssen im Interesse eines inklusiven Bildungssystems an den Schulen zusammengeführt werden, so können die Herausforderungen der Heterogenität im Sinne der Pädagogik der Vielfalt in einem multidisziplinären Team zum Vorteil aller Schüler/innen genutzt werden. Inklusion ist nicht nur das Ziel, sondern auch der Weg zu einer größeren Partizipation an Bildung und Gemeinschaft.

Jedes Kind und jeder Jugendlicher sollte einen Anspruch auf eine unterrichtsimmanente individualisierte Förderung haben. Die Problematik von externen Förderkonzepten besteht darin, dass der Schüler „…sich permanent als förderbedürftig, als hilflos empfindet, statt sein Lernen in die eigene Hand zu nehmen" (Bartnitzky 2010, 308). Adressaten dieser additiven Förderung sind neben den Kindern mit vermeintlichen Defiziten in Relation zu den Erwartungen von Bildungsplänen und Lehrplänen, Kinder mit Behinderungen, Kinder mit einer anderen Familiensprache, Kinder mit sozio-emotionalen Problemen oder mit Lernschwierigkeiten, etc. „In der Terminologie ist sie durchweg positiv besetzt: gezielte Förderung, individuelle Förderung, Fördern und Fordern, Förderbänder, Lernstudios – aktuelle Vokabeln, die Gutes suggerieren" (ebd. 309). Gleichzeitig mehren sich die kritischen Stimmen unter den Pädagogen und Wissenschaftlern.

So markiert zum Beispiel Hans Wocken Schule „als eine Einrichtung für Massenunterricht, die das Scheitern von Kindern einkalkulierte und Hilfe in die Verantwortung von häuslicher oder privater Nachhilfe abdrängte. Förderunterricht findet symbolisch vielsagend eher in den Randstunden statt und fällt bei Ressourcenmangel und Vertretungsbedarf dem Rotstift zum Opfer" (Wocken 2011, 223). Bartnitzky gibt Empfehlungen für eine individuelle Förderung, die die individuellen Kompetenzen des Kindes herausfordert und weiterentwickeln hilft. Eine solche integrierte Förderung stellt:
- kein Abarbeiten, sondern sinnhaftes Lernen
- kein Hinterherfördern, sondern Erfolgserfahrung im Alltag
- keine Homogenisierung, sondern Individualisierung der Leistungen
- keine Vereinzelung, sondern kommunikative Einbettung
- keine organisatorische Anfälligkeit, sondern Verlässlichkeit
- keine Sondermaßnahmen, sondern den Kernauftrag
von Schule und Unterricht dar (vgl. ebd.).

Wocken empfiehlt die Einführung von zyklischen Prozessen der Förderung als ergänzende unterrichtliche Förderung in inklusiven Unterrichtseinheiten. Gesonderte und zum Unterricht parallel verlaufende Förderkurse oder einheiten bergen die Gefahr dass „…leistungshomogenes Streaming sich zu einer dauerhaften Ausprägung von A-B-C-Gruppen verfestigt" (Wocken 2011, 224). Statt diesem Ampelprinzip zu folgen, geht es darum auf der Basis einer Lernstandsanalyse die konkreten Lernziele für und mit der/m Schüler/in zu erheben, eine Lernstrategie zu planen und konkrete Handlungen anzubahnen. Im Sinne eines forschenden Prozesses bei dem zunächst eine Hypothese aufstellt wird („Wie kann das Lernen gestützt werden?"), anschließend Handlungskonzepte entwickeln werden („Was kann man konkret tun?") und zuletzt die Evaluation stattfindet („Wie hat sich die Handlung auf die Lernentwicklung ausgewirkt?").

Von herausragender Bedeutung ist dabei auch die Einhaltung genereller Grundsätze für die Gestaltung eines fördernden Unterrichts (ebd.).

Nicht nur bei den Schüler/-innen, auch in der Lehrerbildung, in der Fort- und Weiterbildung, in Forschung und Wissenschaft sowie auf der schuladministrativen und bildungspolitischen Ebene[5] gilt es, die verschiedenen Bildungskonzepte und die Pädagogiken für spezifische Schulformen und –stufen bzw.

---

5   Die Zusammenführung des Referats für Sonderschulen und dem Referat für Allgemeinbildende Schulen im Kultusministerium Baden-Württembergs (sowie der beiden Haushalte) stellt meines Erachtens einen erforderlichen Schritt auf dem Wege zu einem inklusiven Bildungssystem dar.

besondere Bedürfnisse mehr miteinander zu verknüpfen im Interesse einer gemeinsamen Entwicklung eines inklusiven Bildungssystems (wie in der UN-Behindertenrechtskonvention gefordert) und somit einer „fördernden Schule für alle Kinder".

2. Inklusive Schulentwicklung als Prozess der Auseinandersetzung mit Heterogenität und Vielfalt als Chance

An einem ersten Beispiel möchte ich aufzeigen, wie eine Schule aus Finnland, die alle Kinder aus dem Wohnumfeld aufnimmt und sich der Zielsetzung der Inklusion stellt, die Herausforderungen einer individuellen Lernbegleitung von Schülerinnen und Schülern umsetzt.

Die Kontula Skuola in Helsinki ist eine Grundschule, die im Rahmen der Ganztagsschule wie alle staatlichen Schulen nach dem Schulgesetz individuelle Lernangebote für alle Kinder und Jugendlichen des Einzugsgebietes darbietet (vgl. Merz-Atalik 2006). So haben in Finnland bspw. Kinder mit Migrationshintergrund einen Rechtsanspruch auf zwei Unterrichtsstunden in ihrer Erstsprache an der Schule und es gibt systematischen Unterricht in der Zweitsprache. Die Schulen erarbeiten autonom ein Schulkonzept, welches die Bedürfnisse der Schülerschaft berücksichtigt. Es gibt nur ein Curriculum in der Comprehensive School, welches für jede Schülerin und jeden Schüler Auslegungen im Rahmen von individuellen Entwicklungsplänen bedarf.

Die Schule hatte bei 480 Schülerinnen und Schülern in den Klassen 1-6, 38 Regelschullehrer, drei Sonderpädagogenstellen, einen Schulsozialarbeiter, eine halbe Schulkrankenschwesterstelle und einiges nichtpädagogisches Personal (bspw. Assistenten bei autistischen Schülern oder physischen Bewegungseinschränkungen, in der Cafeteria, festangestellte Reinigungskräfte und Hausmeister, etc.). Zählt man die Sonderpädagog/innen als Lehrkräfte mit, so kommt man auf eine Lehrer-Schüler-Relation von 1-11,7 (vgl. Merz-Atalik 2009). Die Schule ist eine Ganztagsschule und die Sonderpädagoginnen bzw. Sonderpädagogen bieten am Nachmittag auch spezifische Kurse für Kinder mit einem besonderen Förderbedarf an. Besonders eindrucksvoll war die gemeinsame Arbeit in den Klassenzimmern. Anhand einer Stundenplantafel, die in einem Klassenzimmer hing, kann man die über allem schwebenden Prinzipien der Individualisierung und Differenzierung sehr anschaulich verdeutlichen.

Für eine Unterrichtsstunde war ich auch in einem Klassenunterricht einer dritten Klasse. Hier arbeitete eine Lehrerin mit sieben Schüler/-innen, die alle in der Freiarbeit mit individuellen Aufgaben und Materialien beschäftigt waren. Auf meine Frage nach der überraschend kleinen Klassenfrequenz erläuterte mir die Kollegin, dass sie in verschiedenen Sozialformen in der Klasse arbeiten, da neben der alltäglichen Vielfalt auch zwei Kinder mit einem erhöhten Förderbedarf zu der Lerngruppe zählten. Ein Schüler mit einer körperlichen Behinderung (der einen Rollstuhl nutzte) und einer mit einer autistischen Auffälligkeit. Kinder mit Lernbeeinträchtigungen ohne eine organische Schädigung oder andere bleibende Behinderungen werden nicht als spezielle Schüler klassifiziert.

Dennoch haben in Finnland ca. 20% aller Kinder im Laufe ihrer Schulzeit einmal besondere Förderung von einer Sonderpädagogin erhalten.

In der gesamten Klasse waren 17 Schüler/-innen, die teilweise bei Bedarf und bei Anwesenheit von 2 Pädagog/-innen (dies waren 12 Wochenstunden) in zwei heterogenen Gruppen unterrichtet wurden (Abbildung 3), deren Zusammensetzung über das Schuljahr in der Regel konstant bleibt.

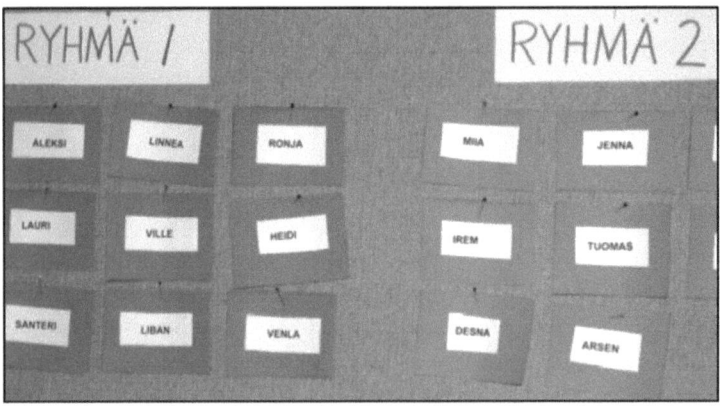

Abbildung 3: Foto aus einem finnischen Klassenzimmer – Geteilte, heterogene Stammgruppen (Merz-Atalik 2006).

Im Lesen oder Schreiben hat man sich hingegen entschieden, wegen der Vielfalt des Entwicklungsstandes und der Lernbedürfnisse die Klasse gelegentlich in homogenen Kleingruppen (Abbildung 4) zu unterrichten, deren Zusammensetzung sich jedoch häufig ändert. Insbesondere die unterschiedlichen

Entwicklungen in der Zweitsprache sollen so besser adressiert werden können. Es handelt sich jedoch nicht um dauerhafte Niveaugruppen, sondern um flexible und dem jeweiligen Unterrichtsgegenstand und Lernangebot angemessene Gruppenbildungen. Daher sind die Namen der Kinder lediglich mit Pinn-Nadeln auf die Wolken gesteckt und können jederzeit anders zugeordnet werden.

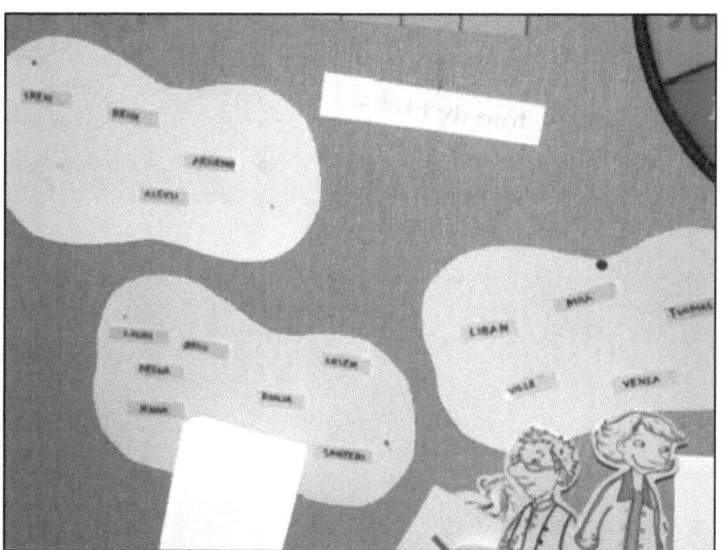

Abbildung 4: Foto aus einem finnischen Klassenzimmer – Geteilte, eher homogene Lesegruppen (Merz-Atalik 2006).

Zudem gehen einzelne Kinder für spezielle Fördereinheiten im Tagesverlauf in den Ressource-Room zur Einzelförderung, zu einer Zweitsprachenförderung in einem parallel klassenübergreifend stattfindenden Gruppenunterricht (Finnisch als Zweitsprache) oder in den Muttersprachenunterricht (in diversen Herkunftssprachen). Diese sind im Stundenplan der Klasse gekennzeichnet, z.B. die Unterrichtsstunden in Somali (Landessprache in Somalia) und Albanisch (Abbildung 5). Für den Muttersprachenunterricht kaufen sich die Schulen externe Personen ein oder die Kinder bekommen den Anspruch auf zwei Stunden Förderung der Muttersprache in anderen Einrichtungen des Gemeinwesens umgesetzt. Die Schulämter verfügen über eine Liste von Personen, die in den jeweiligen Sprachen einen Unterricht stundenweise anbieten können.

Im Ressource-Room arbeiten ausgebildete Sonderpädagoginnen oder -pädagogen, die in der Regel über einen allgemeinen Lehramtsabschluß (BA oder MA), sowie zusätzlich einem Aufbaustudium in Sonderpädagogik (MA) verfügen. Das Angebot richtet sich an alle Schülerinnen und Schüler der Schule und ist nicht nur auf bestimmte Gruppierungen oder Klassifizierungen (wie sonderpädagogischer Förderbedarf) eingeschränkt. Einzelschülerinnen oder –schüler erhalten hier regelmäßige unterrichtsergänzende Förderstunden (häufig im Rahmen des offenen Ganztagsangebotes) oder haben die Möglichkeit bei Lernschwierigkeiten selbstständig eine Beratung oder Lernassistenz in Anspruch zu nehmen. Insgesamt werden die personellen Ressourcen an der Schule jedoch stärker dazu eingesetzt, die Komplexität des Klassenunterrichts zu reduzieren, indem die zusätzlichen Pädagoginnen und Pädagogen Klassenteilungen, Gruppenarbeit oder offenen Unterricht unterstützen.

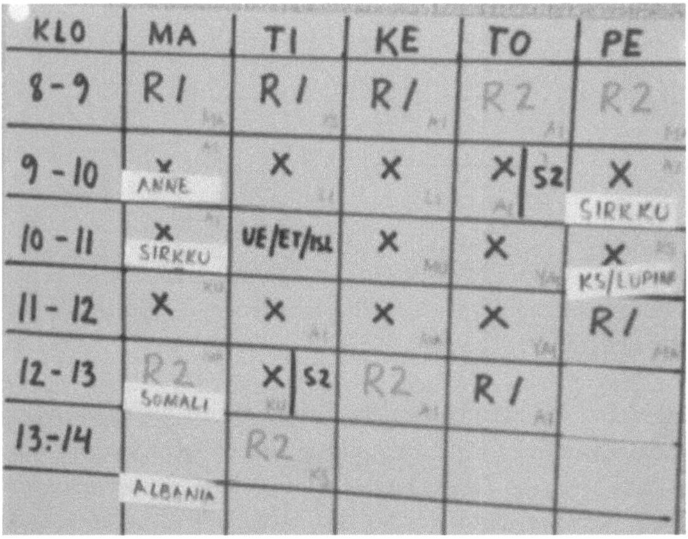

Abbildung 5: Foto aus einem finnischen Klassenzimmer – Stundenplan der Klasse (Merz-Atalik 2006)[6]

---

6 Erläuterungen zum Stundenplan der Klasse: X = Klassenunterricht; Somali, Albania = Muttersprachenangebot; Sirkku = 2. Lehrkraft; Anne = 2. Sonderpädagogisch qualifizierte Lehrkraft; R 1 und R 2 = Teilungsunterricht (siehe Abbildung 2); S 2 = Individueller Förderunterricht.

Betrachtet man die Schulen in Finnland, stellt man fest, dass wesentliche Aspekte der Forderungen nach Inklusion und individualisiertem Lernen bereits verwirklicht wurden. Es handelte sich weder um eine Projektschule noch um eine besondere Ausbildungsschule, die Schule kann als ein repräsentatives Beispiel für die staatlichen Grundschulen bezeichnet werden. In einem gestuften System der sozial- und sonderpädagogischen Hilfen, von spezieller und individueller Förderung von Kindern mit Migrationshintergrund (in Erst- und Zweitsprache) werden alle Schülerinnen und Schüler gemäß ihrer Lern- und Sozialentwicklung an der Regelschule gefördert.

An dieser Schule habe ich den Umgang mit Vielfalt als eine Selbstverständlichkeit erlebt, die nicht nur auf der Ebene der Heranwachsenden, sondern auch auf der Ebene der Pädagoginnen und Pädagogen zu einer Bereicherung des Schulalltages führt und aufgrund der gering ausgeprägten Selektionsfunktion der Schule (Gemeinschaftsschule) auch keine erkennbaren stigmatisierenden Effekte hatte. Lehrer/innen und Schüler/innen fühlen sich in einer solchen Schule wohl, in der kooperativen und inklusiven Atmosphäre, mit der bewussten Vielfalt und den Ansätzen der Berücksichtigung von individualisierten oder gar personalisierten Lern- und Entwicklungswegen. So kommt es auch sicherlich nicht von ungefähr, dass bei einer Befragung der Abgänger von Sekundarschulen immerhin 27 % und damit die Majorität angaben, dass für sie der Lehrerberuf der attraktivste für ihre berufliche Zukunft wäre.

Wir können feststellen, die Finnen sind auf dem besten Weg die UN-Konvention zu erfüllen. Nach Artikel 24 der UN Behindertenrechtskonvention haben sich die unterzeichnenden Staaten verpflichtet zur Gewährleistung eines „inklusiven Bildungssystems", auf „allen Ebenen" (24, 1), in „Wohnortnähe" (24, 2.b), in der Stärkung der „Achtung vor den Menschenrechten, den Grundfreiheiten und der menschlichen Vielfalt" (24, 1.a), mit „effektiven, individualisierten Unterstützungsmaßnahmen" (24, 2.e), mit „dem Ziel der vollen Inklusion" (24, 2.e). Die Finnen machen mit ihrem Bildungssystem und einer auf Ca 2,1 % verringerten Exklusionsquote im Jahr 2011 (prozentualer Anteil aller Schüler/-innen an Sonderschulen; vgl. Europäische Kommission 2012) große Schritte auf dem Weg zu einem „inklusiven Bildungssystem".

In Deutschland besuchen ca. 5 % aller Schüler/-innen eine Sonder-oder Förderschule (siehe ebd.)

Solche „finnischen Verhältnisse" gibt es auch in Deutschland. Ein Beispiel für eine inklusive Schule ist die Heinrich-Zille-Grundschule in Berlin Kreuzberg. Diese zählte im Jahr 2010 zu den drei Preisträgerschulen des Jakob-Muth-Preises. Auch an der Zillegrundschule werden ca. 400 Schülerinnen und Schüler unterrichtet, darunter ca. 12 % mit einem Förderbedarf (vgl. Angaben zur Schule auf der Seite der Preisträger des Jakob-Muth-Preises) oder einer Behinderung. Im Stadtteil Kreuzberg dem Einzugsgebiet der Schule potenzieren sich zahlreiche bildungsbenachteiligende Faktoren, wie sozial randständige Millieus, Migrationserfahrungen und -hintergründe, migrationsbedingte Mehrsprachigkeit, materielle Armut, etc. Der Schule gelingt es dennoch, dass 40 % ihrer Schülerschaft eine Gymnasialempfehlung erhalten, der Abwanderung bildungsnaher Familien aus dem Stadtteil entgegen zu wirken und die Zufriedenheit mit der Schule unter den Eltern ist sehr hoch.

Die Schule offenbart ihr inklusives Konzept auf der Homepage: „Wir fühlen uns einer inklusiven Pädagogik verpflichtet! ... Gemeinsames Lernen von Kindern mit und ohne Beeinträchtigungen und Behinderungen, aber auch von Kindern mit unterschiedlichen Herkunftssprachen, von armen und nichtarmen Kindern und auch das Lernen in altersgemischten Lerngruppen wird an unserer Schule bewusst genutzt, um den Bedürfnissen aller Kinder gerecht zu werden. Schule soll immer auch einen Beitrag zum sozialen und demokratischen Zusammenhalt aus gesellschaftspolitischer Sicht leisten." (Homepage der Heinrich-Zille-Grundschule Berlin-Kreuzberg; 2014).

Zu dem Lehrerkollegium gehören jeweils in den Jahrgangsstufen-Teams auch Sonderpädagog/-innen. Bei allen Schulänfänger/-innen werden Lernstandsdiagnosen durchgeführt und individuelle Förderpläne erstellt. In den Klassen eins bis drei wird generell in jahrgangsübergreifenden Lerngruppen unterrichtet und es gibt keine Ziffernzensuren, sondern verbale Beurteilungen. Auch die Heinrich-Zille-Grundschule bietet zusätzlichen Förderunterricht in Deutsch als Zweitsprache (DAZ) an. Der Unterricht basiert auf individuellen Wochenplänen, Stationslernen und einem Konzept von individuellen Lernstraßen. Durch einen offenen Ganztagsbereich und eine Vernetzung in das Gemeinwesen und mit den Eltern ermöglicht die Schule ein Mehr an Bildung. Mit einem entsprechenden Schulkonzept (siehe Homepage), das auf einem individualisierten Verständnis von Lernen und einer vielfaltsorientierten Pädagogik basiert, sowie der interdisziplinären Ausstattung und einem inklusionsorientierten Einsatz der Personalressourcen ist es der Schule gelungen die inklusiven Bildungsansprüche aller Kinder des Wohneinzugsgebietes zu realisieren. Sie stellt damit ein erfolgreiches Gegenkonzept dar für eine Schule, die eine Einrichtung für Massenunterricht von Schüler/-innen ist.

Die Heinrich-Zille-Grundschule hat den Anspruch eine „fördernde Schule für alle" zu sein.

Dieser Anspruch wird auch von den inklusiven Schulen im deutschsprachigen Südtirol in Italien getragen. Bereits vor mehreren Jahrzehnten hat man dort das Bildungssystem für eine inklusive Gesellschaft ausgerichtet. Heute heißt es im aktuellen Rahmenrichtlinien für die Grund- und Mittelschulen (2009):

„**Individualisierung und Personalisierung des Lernens**
Im Mittelpunkt aller Bildungstätigkeiten stehen die Kinder und Jugendlichen in ihrer Einzigartigkeit und ihrer Beziehung zu anderen und zur Mitwelt. Dabei spielen die Individualisierung und Personalisierung der Lernprozesse eine bedeutsame Rolle. Die Individualisierung berücksichtigt durch Methodenvielfalt und anregende Lernumgebungen unterschiedliche Lernwege, unterschiedliche Lernrhythmen, unterschiedliche Lernstrategien und Lerntechniken der Schülerinnen und Schüler und hat das Erreichen der vorgegebenen Kompetenzen laut Rahmenrichtlinien des Landes zum Ziel.

Die Personalisierung verfolgt ausgehend von den Fähigkeiten, Neigungen, Interessen und Kenntnissen der einzelnen Schülerin und des einzelnen Schülers durch inhaltliche Differenzierung den Erwerb personenbezogener Kompetenzen. Die Schülerinnen und Schüler werden in ihrer Einmaligkeit angenommen und im Hinblick auf den Erwerb der vorgesehenen Kompetenzen bestmöglich gefördert. Dies geschieht nicht durch Separierung, sondern durch persönliche Wahlmöglichkeiten und differenzierte Förderung im gemeinsamen Unterricht.

Das Zusammenspiel von Individualisierung und Personalisierung ermöglicht den Bildungserfolg der einzelnen Schülerin, des einzelnen Schülers und bietet gerechte Bildungschancen für alle. (ebd., 19)"

Auch aus Baden-Württemberg haben sich in den vergangenen 5 Jahren viele Schulen für den Jakob-Muth-Preis beworben, leider bislang vergeblich. Die Schilderung der inklusionsförderlichen Ausstattungsmerkmale und Ressourcen der internationalen Schulbeispiele oder der mit dem Jakob-Muth-Preis ausgezeichneten Schule aus Berlin zeigen auf, wie wesentlich die Rahmenbedingungen für eine erfolgreiche inklusive Bildungsarbeit sind. Neben den Rahmenbedingungen sind es jedoch auch die Grundhaltungen und Einstellungen im Hinblick auf das Lernen und die Bildungskonzepte, die sich verändern müssen. Das zeigen eindrücklich die Formulierungen in den Rahmenrichtlinien des Deutschen Schulamtes in Bozen (Südtirol).

Inklusion sollte ein übergreifendes Leitbild des Miteinanders aller an der Schule darstellen (vgl. Booth/Ainscow 2011) und nicht nur die Ebene der Gemeinschaft im Klassenzimmer fokussieren. Dazu müssen wir in Deutschland noch stärker realisieren, dass ein inklusives Bildungssystem nicht der Zielsetzung der Integration von Kindern und Jugendlichen mit einer Behinderung oder Benachteiligung in das Regelschulsystem alleine entspricht.

Die Basis für eine solche inklusive Schule, also eine „fördernde Schule für alle" wären keine reduzierten, sondern individualisierte, im Einzelfall durch die Pädagoginnen und Pädagogen zu personalisierende Bildungspläne für alle Lernenden (vgl. Merz-Atalik 2013). Für eine solche vielfaltsorientierte Pädagogik müssen die Ressourcen dort sein, wo die Schülerinnen und Schüler sind: die inklusiven Schulen müssen mit Sockelressourcen (Personal- und Sachmittel) gemäß der Bedürfnislage der Schülerschaft im jeweiligen Einzugsgebiet (vgl. ebd.) ausgestattet werden, um ihren Bildungsauftrag erfüllen zu können. Vor allem aber braucht es zunächst die Bereitschaft von uns allen sich auf den Weg zu machen, uns auf die Entwicklung eines inklusiven Bildungssystems einzulassen und daran aktiv mitzuwirken.

Literatur

Bartnitzky, Horst (2010): Individuell fördern – Kompetenzen stärken. In: Bartnitzky, Horst/ Hecker, Ulrich (Hrsg.): Allen Kindern gerecht werden. Aufgaben und Wege. Beiträge zur Reform der Grundschule. Grundschulverband Frankfurt a.M.

Booth, Tony/ Ainscow, Mel (2011): Index for inclusion. Developing learning and participation in schools. CSIE

Deutschsprachiges Schulamt Bozen (2009): Rahmenrichtlinien für die Grund- und Mittelschule in Südtirol. http://www.schule.suedtirol.it/pi/faecher/mathematik/rrl_unterstufe/documents/druckfassung_rahmenrichtlinien_gs-ms-dt09.pdf

Europäische Kommission (2012): Education and Disability/Special Needs-policies and practices in education, training ans employment for students with disabilities and SEN in the EU. Unabhängiger Bericht des NESSE-Expertennetzwerks für die EU-Kommission. S.19

Merz-Atalik, Kerstin (2014a; im Erscheinen): (Migrationsbedingte) Diversität und Bildungsgerechtigkeit – Von der separierten Förderung zur Personalisierung von Lernen in inklusiven Settings. In: Feyerer, Ewald/ Langner, Anke (Hrsg.): Umgang mit Vielfalt.

Merz-Atalik, Kerstin (2014b): Der Forschungsauftrag aus der UN-Behindertenrechtenkonvention, nationale und internationale Probleme und ausgewählte Erkenntnisse der Integrations-/Inklusionsforschung zur inklusiven Bildung. In: Trumpa, Silke/ Seifried, Stefanie/ Franz, Eva/ Klauß, Theo (Hrsg.): Inklusive Bildung: Erkenntnisse und Konzepte aus Fachdidaktik und Sonderpädagogik. S. 24-46. Juventa: Beltz.

Merz-Atalik, Kerstin (2013): Inklusion/ Inklusiver Unterricht an der Gemeinschaftsschule. In: Bohl, Th./ Meissner, S. (Hrsg.): Expertise Gemeinschaftsschule. Forschungsergebnisse und Handlungsempfehlungen für Baden-Württemberg. S. 61-76. Beltz: Weinheim und Basel.

Merz-Atalik, Kerstin (2011): Alle Kinder haben das Recht auf inklusive Bildung. Die UN-Konvention –Rechtliche Vorgaben, Voraussetzungen und Chancen. In: Bildung und Wissenschaft, Heft März, 12-17

Merz-Atalik, Kerstin (2006): Unveröffentlichter Bericht über einen Erasmus-Dozenten-Austausch, Schulhospitationen und einen Aufenthalt an der Universität Helsinki.

Wocken, Hans (2011): Das Haus der inklusiven Schule. Baustellen –Baupläne – Bausteine. Karl Dieter Schuck, Waltraud Rath und Ulrich Bleidick (Hrsg.), Feldhaus Verlag: Hamburg

Edith Ramminger

Wie gemeinsames Lernen gelingen kann –
Welche Faktoren erleichtern oder erschweren die schulische Integration von Schülerinnen und Schülern mit Körperbehinderungen?

In meinem Beitrag beschreibe ich die Praxis der Einzelintegration für ein Schulkind mit einem Anspruch auf ein sonderpädagogisches Beratungs- und Unterstützungsangebot, Körperbehindertenpädagogik und mit Bedarf an Eingliederungshilfe (Assistenzbedarf) im Landkreis Tübingen.

Ich berichte aus der Perspektive meines Tätigkeitsfeldes – also aus der Sicht derjenigen, die die Runden Tische vom Staatlichen Schulamt Tübingen aus organisiert und sich als Ansprechpartnerin für diejenigen versteht, die an der Unterstützung beteiligt sind. Beschreiben werde ich das Zusammenspiel der beteiligten Institutionen und deren Aufgaben beim Integrationsprozess.

Die am Ende dieses Beitrags aufgeführten Faktoren, welche die Einzelintegration erschweren bzw. erleichtern können wurden bei der Fachtagung der KBF gemeinsam mit den workshop-Teilnehmern zusammengetragen.

Im Laufe der 15 jährigen Praxis mit dieser Form der Einzelintegration haben sich Verbesserungen im Ablauf und in der Qualitätsentwicklung herausgebildet. So gab es noch vor fünf Jahren keine Institution, die zuverlässig die Verantwortung für die Anstellung der Assistenzkraft übernommen hat.

Mittlerweile ist es im Landkreis Tübingen üblich, dass der Schulträger sich dieser Aufgabe annimmt. Damit kam zu den schon beteiligten Institutionen Sozialamt, Schulamt, Sonderpädagogik und Regelschule eine weitere Institution – der Schulträger – zum Runden Tisch dazu und alle bringen ihre je spezifischen Institutionslogik mit.

Möglich wurde diese Form der Einzelintegration durch die Änderung des Schulgesetzes 1997 und der daraus folgenden Verwaltungsvorschrift „Kinder und Jugendliche mit besonderem Förderbedarf und Behinderung"

[1999][1]. Die Arbeitsstellen Kooperation (im folgenden: ASKO) an den Staatlichen Schulämtern erhielten die Aufgabe, die Verzahnung von Sonderpädagogik und Allgemeiner Pädagogik mit zu gestalten und im Staatlichen Schulamt Tübingen war es die Aufgabe der ASKO den Prozess der Einzelintegration für Schulkinder mit Bedarf an Eingliederungshilfe unter der Bedingung „zielgleicher Unterricht" zu organisieren. „Schüler mit Behinderungen besuchen die allgemeine Schule, wenn sie dort nach den pädagogischen, finanziellen, personellen und organisatorischen Möglichkeiten dem Bildungsgang folgen können."[2]

Die beteiligten Institutionen, das Sozialamt des Landkreises, das Staatliches Schulamt, der Schulträger und die Dreifürstensteinschule probten das Zusammenspiel und trafen Verabredungen und entwickelten Abläufe. Diese Form der Einzelintegration existiert bis heute neben anderen Formen von inklusiver Beschulung (Außenklassen, gruppenbezogene Lösungen – siehe Abb. 1) und ist derzeit die gängige Praxis für Schulkinder mit Körperbehinderung und Assistenzbedarf an Regelschulen.

Derzeitige Praxis des Staatlichen Schulamtes Tübingen, angelehnt an das Strukturbild des Expertenrates von 2010			
Kinder und Jugendliche mit besonderem Förderbedarf	Kinder und Jugendliche mit **Anspruch auf ein sonderpädagogisches Beratungs- und Unterstützungsangebot**	Kinder und Jugendliche mit **Anspruch auf ein sonderpädagogisches Bildungsangebot** – Einlösung in kooperativen Bildungsangeboten oder an Sonderpädagogischen Bildungs- und Beratungszentren	
	Einzelintegration	Aussenklassen Gruppenbezogene Lösungen SfKB	
In Verantwortung der allgemeinen Pädagogik	In Verantwortung der allgemeinen Sonderpädagogik (Kooperation/Sonderpädagogischer Dienst)	In Verantwortung der allgemeinen Pädagogik und des Sonderpädagogischen Bildungs- und Beratungszentrums	In Verantwortung des Sonderpädagogischen Bildungs- und Beratungszentrums

(Abb. 1 Strukturbild des Expertenrates)

---

1 Kinder- und Jugendliche mit besonderem Förderbedarf und Behinderungen, Verwaltungsvorschrift vom 8.März 1999 – Az.: IV/1-6500.333/61; Siehe Schulgesetz Baden-Württemberg 1997, § 15,Abs.4
2 Aus: Verwaltungsvorschrift 1999, Punkt. 3.1.

Ablauf Einzelintegration für Schüler und Schülerinnen mit Körperbehinderung und mit Assistenzbedarf nach SGB XII

1. In der Regel kommt über die Frühförderung die Kooperation zwischen Eltern, Kindergarten und Dreifürstensteinschule zustande.

2. Der Kooperationslehrer in der Frühförderung begleitet das Kind auch beim Übergang Kindergarten – Schule. Er berät die Erziehungsberechtigten und hilft, wie auch das Staatliche Schulamt, bei der Suche nach einer geeigneten Regelschule.

3. Falls die Körperbehinderung und der Bedarf an Assistenz im Schulalter relevant wird, gilt in der Regel folgendes Procedere: die Schule signalisiert Beratungsbedarf und erhält Unterstützung durch den Sonderpädagogischen Dienst der Körperbehindertenschule. Der Sonderpädagogische Dienst berät die Schule und Eltern.

4. Der Kooperationslehrer/Sonderpädagogische Dienst Körperbehinderung beschreibt in einer Stellungnahme den Unterstützungsbedarf des Schülers.
Diese geht an das SSA und wenn das Schulkind Assistenzbedarf hat, auch an die Abteilung Soziales im LRA. Die Erziehungsberechtigten beantragen, ggf. unterstützt durch den Kooperationslehrer, formlos Eingliederungshilfe bei der Abteilung Soziales des Landratsamtes und legen notwendige medizinische Atteste vor. Das Sozialamt informiert das Schulamt über den Antrag auf Eingliederungshilfe.

5. Die ASKO (Staatliches Schulamt) lädt im Frühsommer – möglichst noch im Mai/Juni, bevor das Kind in die Schule kommt oder in eine neue Klasse – zu einem Runden Tisch ein, bei dem die Eltern, die bisherigen Unterstützer und die zukünftige Schule und der Schulträger teilnehmen. Dort wird der Assistenz- und Unterstützungsbedarf nochmals im Detail – bezogen auf Stundenplan und örtliche Gegebenheit und Schulweg – erklärt und beschrieben und die bisherigen und zukünftigen Unterstützer lernen sich kennen. In der Regel wird beim Runden Tisch die Anzahl der Assistenzstunden und die Anzahl der Kooperationsstunden

bekräftigt und als gemeinsamer Vorschlag ins Protokoll aufgenommen. Der Schulträger ist verantwortlich für die Anstellung der Assistenzkraft und er übernimmt auch Verantwortung bei der Suche nach einer geeigneten Person. Werden vertretbare bauliche Anpassungen notwendig, liegt auch hier die Verantwortung beim Schulträger.

Werden Hilfsmittel gebraucht, muss geklärt werden, ob die Krankenkasse oder die Abteilung Soziales für die Gewährung zuständig ist. Auch der Unterstützungsbedarf in Bezug auf den Schulweg ist Thema. Gegebenenfalls müssen Eltern und Schule formlose Anträge an die zuständige Stelle stellen.

6. Bei Schuljahresbeginn bringt das Kind sein Unterstützungsteam mit. Der Kooperationslehrer und die Assistenz sind nun zusammen mit dem Klassenlehrer ein Unterrichtsteam.[3] Gibt es unterjährig Besprechungsbedarf, so kann die ASKO als Moderator einbezogen werden.

7. Jährlich oder halbjährlich finden dann mit denjenigen, die an der Unterstützung beteiligt sind, Runde Tische statt.

(Abb.2 Teilnehmende Runder Tisch)

---

3 Siehe auch Medienpaket der Landesarbeitsstelle Kooperation. S. 11ff.. Dort werden Gelingensfaktoren für die Einzelintegration in Bezug auf Schule, Lehrer, Schüler, Eltern und Sonderpädagogische Unterstützungskonzepte in allgemeiner Weise formuliert und entlang von konkreten Schülerbiografien beschrieben.

Der Runde Tisch –
Erschwernis und Erleichterung bei der Einzelintegration?

Mitglieder aus der Arbeitsgruppe bedauerten, dass es die im politischen Diskurs der Inklusionsdebatte vielzitierte „Hilfe aus einer Hand" mit ausreichenden finanziellen Spielräumen noch nicht gibt. Diese „Hilfe aus einer Hand" würde bedeuten, dass den Schulen finanzielle Mittel für Schulbegleitung zur Verfügung stünden. Im Idealfall könnte sich die Schule gezielt qualifizierte Mitarbeiter aussuchen, diese bezüglich schulbezogener Unterstützung spezifisch fortbilden und die Schule hätte mittel- bzw. langfristig geeignete Personen vor Ort, die für die Einzelintegration zur Verfügung stünden. Dazu käme, dass diese Mitarbeiter keine personenbezogene Unterstützer wären, sondern, falls erforderlich, flexibel in der Schule einsetzbar wären. Für Eltern und die betroffenen Schulen wäre diese Form der Unterstützung eine Entlastung, denn dadurch würden Abläufe überschaubarer und möglicherweise einfacher. Noch ist dieses Modell Zukunftsmusik.

Bis die Politik sich für neue Formen der Unterstützung entscheidet, müssen also die geltenden Abläufe so gestaltet werden, dass es für den einzelintegrierten Schüler pädagogisch sinnvoll ist.

Bisher ist das körperbehinderte Schulkind mit Assistenzbedarf in der Regelschule auf die Unterstützung der Sozialamtes und die Unterstützung des Schulamtes angewiesen, das heißt, auch bei der Beantragung muss der spezifischen Logik der Institutionen gefolgt werden.

Die Eingliederungshilfe (Schulbegleitung) nach dem Sozialgesetzbuch XII ist eine Form der personenbezogenen Unterstützung und muss von den Erziehungsberechtigten im Landkreis Tübingen bei der Abteilung Soziales im Landratsamt beantragt werden. Für die Genehmigung von Assistenz braucht das Schulkind als Voraussetzung die Feststellung einer wesentlichen Behinderung von Seiten des Gesundheitsamtes. Ergänzt durch die Stellungnahme des Sonderpädagogischen Dienstes (Kooperationslehrers) wird dann eine Schulbegleitung von der Abteilung Soziales, bezogen auf den behindertenspezifischen Unterstützungsbedarf bewilligt und finanziert. Die pädagogische Unterstützung für das Schulkind muss von der

Schule und der kooperierenden Sonderpädagogik geleistet werden.
Durch diese Gegebenheiten erklärt sich auch die Zusammensetzung des Runden Tisches. Dabei werden die Abläufe über die Personen, die am Runden Tisch teilnehmen, transparent:

Die Abteilung Soziales kann sich vergewissern, dass die angemessene Unterstützung beim Schulkind ankommt.

Die Schule mitsamt Schulleitung und Klassenlehrerin kann erleben, welche Abläufe hinter dem Terminus „Eingliederungshilfe" stehen und hat Gelegenheit die Interessen der Schule und der Klasse zu vertreten.

Der Sonderpädagogische Dienst/Kooperationslehrer ist der zentrale Koordinator und hat die Verbindung zu Schule, Eltern, Kind und Schulamt. Er muss beim Runden Tisch dabei sein, damit die sonderpädagogische Unterstützung entwicklungs- und qualitätsgerecht verabredet werden kann.

Die Eltern gehören als Antragsteller der Eingliederungshilfe und als Interessensvertreter des Kindes dazu.

Die Schulbegleitung sollte ggf. vom Gelingen oder den Schwierigkeiten bei der Integration berichten.

Der Schulträger muss dabei sein, wenn bauliche Veränderungen anstehen und noch verabredet werden müssen. Im Landkreis Tübingen übernimmt der Schulträger auch Verantwortung als Anstellungsträger und sorgt für Qualitätssicherung.

Die ASKO ist als Vertreterin des Schulamtes im Spiel und hat darauf zu achten, dass das Schulkind die Unterstützung erfährt, die es braucht, damit sein Bildungsanspruch gewahrt wird. Dazuhin organisiert und dokumentiert die ASKO die Runden Tische.

Was sind nun die Vorteile dieser mitunter jährlich stattfindenden Tische? Beim Zusammensitzen wird die Unterstützung transparent gemacht mit den jeweiligen Aufgaben und Ansprechpartnern. Mit der sich wiederholenden Besprechungskultur wächst die gemeinsame Verantwortung für den Integrationsprozess und anfallende Probleme können, so meine Erfahrung, gelingender, das heißt durch weniger Enttäuschung und Abbrüche geprägt, gelöst werden. Wenn die Runden Tische von gegenseitiger Achtung und Vertrauen geprägt sind, ist es wahrscheinlicher, dass Rollenkonflikte beschrieben werden können; dass im Einzelfall vorübergehend auch ein Kind unterstützt werden kann, das dem jeweiligen Bildungsplan nicht folgen kann; dass Konflikte im Schulteam beschrieben werden können und nach

Wegen gesucht werden, wie diese realen Probleme gemeinsam geschultert werden können. Kurz: Bei diesen Runden Tischen lernt man sich kennen und erlebt die Gewissheit, dass man mit Problemen nicht alleine gelassen wird, sondern aus der Reihe der Unterstützer Mitstreiter finden kann.

Aufgrund solcher Erfahrungen übernahm ich bisher gerne Verantwortung für diese zeitaufwändige Moderations- und Organisationsaufgabe.

Schulklima und Lernumgebung haben Einfluss auf das Gelingen von Einzelintegration

Bestimmte Rahmenbedingungen erleichtern die Einzelintegration von Kindern mit Behinderungen:
- Die Schulleitung sollte das gesamte Kollegium in Gesamtlehrerkonferenzen auf Kinder mit Behinderungen vorbereiten.
- Die Schule sollte Integration befürworten und für ein Schulklima sorgen, das behinderte Kinder willkommen heißt. Wenn dazuhin besondere bauliche Voraussetzungen wie Aufzüge, extra Toiletten oder Räume für Pflege oder Rückzug vorhanden sind oder geschaffen werden, dann wird das Zusammen- Leben und Zusammen-Lernen erleichtert.

Dann wird die Schule erleben, dass sich die Anfragen nach Einzelintegration mehren und die Schule erwirbt Kompetenzen im Umgang mit Schülern mit Körperbehinderungen. Dies wiederum wird Kindern mit Behinderung gut tun und darüber hinaus hat dann dieses Kind im Idealfall Gelegenheit „Gleichartige" zu treffen, um sich mit diesen auszutauschen.

Meines Erachtens erleichtern altersheterogene Lerngruppen und individuelles Lernen die Einzelintegration von Kindern mit Körperbehinderung. In solchen Strukturen kann der Nachteilsausgleich leichter umgesetzt werden und die notwendige Rücksicht auf Lerntempo, Leistungsfähigkeit und sozial- emotionalen Befindlichkeiten wird leichter organisatorisch umsetzbar.

Kinder mit Körperbehinderungen sind in Regelschulen teilweise hoch belastet, weil die therapeutischen Angebote, die in der Schule für Körperbehinderte stattfinden, für das einzelintegrierte Kind zusätzlich zum Unterricht in der Freizeit stattfinden. Sie brauchen bei gleicher Begabung unter Umständen mehr Erholungszeiten und eine längere Schulzeit als Schulkinder ohne Behinderung.

Die Zusammensetzung und die Zusammenarbeit des Unterstützungsteams hat Einfluss auf das Gelingen der Integration

Das Unterstützerteam für ein Kind mit Einzelintegration und Assistenzbedarf besteht im einfachen Fall (Grundschule) aus der Klassenlehrerin, wenigen Fachlehrern, dem Kooperationslehrer und dem Schulbegleiter. Je mehr Fachlehrer im Spiel sind, desto komplizierter/komplexer werden notwendige Absprachen.

Grundsätzlich gilt, dass das Unterstützerteam Besprechungszeiten braucht und Absprachebedarf hat, damit die Zusammenarbeit funktioniert. Die Beteiligten müssen Rollenklarheit haben. Der Kooperationslehrer hat insgesamt Lotsenfunktion für das Kind mit Behinderung. Er unterstützt das Schulkind in bestimmten Lernbereichen und qualifiziert den Schulbegleiter für die behindertenspezifische Unterstützung. Die Schule hat Mitspracherecht bei der Einstellung der Assistenz. Der Klassenlehrer hat generell im Klassenzimmer das Sagen und macht Vorgaben bezüglich Unterricht und Verhalten. Der Schulbegleiter unterstützt den Schüler im Unterricht, in den Pausen, je nach dem was an Unterstützung verabredet worden ist. Insgesamt kommt es darauf an, das Kind mit Behinderung so viel zu unterstützen wie nötig und so selbständig agieren zu lassen wie möglich.

Es gibt immer mehr Schulen, wo dieses Zusammenspiel gut gelingt. Zum Gelingen tragen gemeinsame Besprechungszeiten bei und Schulbegleiter, die längerfristig an einer Schule arbeiten, mit den spezifischen schulischen Gegebenheiten vertraut sind, sich zur Schule zugehörig fühlen und in Besprechungskulturen eingebunden sind.

Bestimmte Faktoren erschweren das gelingende Zusammenspiel:
wenn keine Zeit für gemeinsame Besprechungen bleibt; oder wenn diese Besprechungen nur deshalb geleistet werden können, weil die Klassenlehrerin sich über ihre Belastungsgrenze engagiert; wenn der Eindruck entsteht, dass die Sonderpädagogin für diese Besprechungen Kooperationsstunden in Anspruch nimmt und die Klassenlehrerin keine Deputatsanrechnung erhält; wenn die Schulbegleitung keine geeignete Person für diese Aufgabe ist; wenn die „Chemie" unter den Unterstützern nicht stimmt.

Erschwernisse gibt es mitunter schon bei der Beantragung von Eingliederungshilfe so zum Beispiel, wenn bei bestimmten Behinderungen/Erkrankungen nicht klar aufgelistet werden kann, wie sich behinderungsbedingten Assistenzdienste von eher pädagogischen Tätigkeiten unterscheiden lassen.

Und dann gibt es noch einen grundsätzlichen Konflikt. Die Schule hat Interesse an Schulbegleitern, die längerfristig an der Schule sein sollten. Diese brauchen deshalb stabile Anstellungsverträge und Grundsicherung. Nun ist aber die personengebundene Eingliederungshilfe so konstruiert, dass der Bedarf an Assistenz möglicherweise sinkt, weil das Schulkind selbständig geworden ist und weniger Unterstützung braucht. Dann kann es sein, dass die weniger gewordenen Assistenzstunden nicht mehr ausreichen, um den Lebensunterhalt zu bestreiten und die geeignete Person sucht sich eine andere Arbeit. Diese sich widersprechenden Anforderungen lassen sich derzeit nicht einfach lösen.

Ein erster Schritt dahin wurde von den Schulträgern des Landkreises Tübingen geleistet. Weil mittlerweile die Schulbegleiter von den Schulträgern eingestellt werden und diese auch die Verantwortung übernehmen, geeignete Personen anzuwerben, gibt es nun gelegentlich schon Konstruktionen mit Schulbegleitern, die an einer Schule verschiedene Kinder im Wechsel begleiten. Die Schulträger tragen mit den Anstellungsverträgen dazu bei, dass keine „sittenwidrigen" Verträge abgeschlossen werden. Dazu kommt, dass die Schulträger zusammen mit dem Sozialamt gewährleisten, dass für Krankheitsvertretung gesorgt wird. Die Schulbegleiter haben dadurch einen direkten Ansprechpartner bei Konflikten und erhalten möglicherweise Anschlussbeschäftigungen und geeignete Weiterbildung.

Gelingende Faktoren in der Zusammenarbeit mit den Erziehungsberechtigten

Wenn Eltern für ihre Kinder sich den Unterricht in einer Regelschule wünschen, dann haben sie sich mit den Fachleuten der Frühförderung / bzw. Sonderpädagogischen Dienst beraten und die Vor- und Nachteile von Sonderbeschulung und Einzelintegration Regelschule abgewogen. Wenn man den Eltern von Kindern mit Behinderung gut zuhört, dann gehört zu ihrem Leben auch die Erfahrung, sich damit abfinden zu müssen, dass ihr Kind erschwerte Lebensbedingungen hat und möglicherweise Begrenzungen, die es erforderlich machen auf eine besondere und intensive Art mit der Schule zusammenzuarbeiten und auf Fachleute in Bezug auf Schule und Unterricht zu hören.

Die Regelschule und die Sonderpädagogik sind gut beraten, wenn sie den Eltern ausreichend und ausdauernd Beratungsangebote machen und sie sind mindestens so sehr auf die Eltern als Experten der Kinder angewiesen wie umgekehrt. Es geht also, wenn es gut geht, um eine intensive Eltern(mit)arbeit: beim Nachteilsausgleich genauso, wie bei der Einstellung der Assistenzkraft und der Abstimmung von Therapienotwendigkeiten und schulischen Anforderungen. Günstig für die Integration ist sicher, wenn das Schulkind gut begabt und gute sozial-emotionale Kompetenzen hat.

Erschwerend für die schulische Integration könnte sein, wenn das Kind neben der Körperbehinderung einen weiteren speziellen Förderbedarf hat, und zusätzliche weitere besondere Förderpläne braucht. Dann kann es sein, dass die Unterstützung, die die Schule mithilfe von Sonderpädagogik und Assistenz geben kann, nicht ausreicht für eine ausreichende Förderung und es kann sein, dass die Integration in die Klassengemeinschaft immer weniger gelingt.

Was man dann tun kann? Darauf hoffen, dass in der gemeinsamen Geschichte die Erziehungsberechtigten zu den Unterstützern Vertrauen gewonnen haben (zu einzelnen oder zum System), dass man diese Themen im Interesse des Kindes ansprechen kann und mit der Zeit zu Lösungen (andere Klasse, andere Schule) findet, die für das Kind, die Eltern und die Schule entlastend, erträglich oder sogar befriedigend sind.

Grundsätzliche Anregungen von Arbeitsgruppenmitgliedern für die Weiterentwicklung von gemeinsamen Unterricht von Kindern mit und ohne Behinderung

Gute Erfahrungen wurde in einer Außenklasse 4 damit gemacht, dass mit den Körperbehindertenlehrern auch Fachlehrer (diese bieten spezifische motorische bzw. sprachliche Förderung an) an die Regelschule kamen. Als

Folge gab es Synergie-Effekte:
- die Außenklasse war in einer Regelschul- Lernumgebung mit vielen nichtbehinderten Schülern;
- die behinderten Schüler hatten „gleichartige", um sich auszutauschen;
- die Regelschule hatte Experten, die sie in Bezug auf Sprache, Motorik, Entwicklung für Regelschüler beratend in Anspruch nehmen konnten, was nicht immer Mehrarbeit bedeutete, weil diese die Regelschulkinder im Klassenverband erlebten.

Schön wäre, wenn es für einzelintegrierte Kinder auch Fachlehrer mit spezifischen Angeboten in Regelschulen gäbe.

Die Dreifürstensteinschule hat auch einen Grundschulzug eingerichtet, wo Kinder ohne Behinderung in der Dreifürstensteinschule unterrichtet werden – Integration in die Sonderschulen als eine auf Integration ausgerichtete Form einer Sonderschule.

Wenn man sich für Kinder mit komplexen Beeinträchtigungen Inklusion/Integration vorstellt, dann bedeutet das, dass sich die Regelschulen ändern müssen und/oder neue Strukturen entwickeln müssen, denn diese Schüler und Schülerinnen können vielfach keine Anpassungsleistungen bringen. Als Voraussetzung dafür müsste in der allgemeinen Lehrerausbildung sonderpädagogische Fragestellungen Platz haben, ohne zu glauben, dass damit die Sonderpädagogen überflüssig würden.

Der allgemeine Konsens der Arbeitsgruppe kann so umschrieben werden: Inklusion braucht ausreichende personale, sachliche, räumliche Ressourcen! Inklusion geht nicht zum Nulltarif! Manche Kinder brauchen weiter spezifische sonderpädagogische Einrichtungen!

Literatur:

1999 (Ba-Wü): VV Kinder- und Jugendliche mit Behinderung und besonderem Förderbedarf

Landesarbeitsstelle Kooperation. Medienpaket Kooperation; Miteinander Lernen. Erfahrungen und Anregungen bei der Einzelintegration Körperbehinderter Kinder

Fritz-Heinrich Bauer
Arbeiten, wo andere Urlaub machen.
Die integrative Ferienanlage CAP-Rotach in Friedrichshafen / Bodensee

Seit mehr als 30 Jahren werden in Friedrichshafen erlebnispädagogische Segelfreizeiten für Teilnehmer aus der Jugend- und Behindertenhilfe durchführt, so unter anderem auch die inzwischen fast legendären Pfingst-Segelfreizeiten des Ohmi-Club.

Träger dieser Angebote ist eine gemeinnützige GmbH bestehend aus: der KBF gGmbH Mössingen und dem „Verein für sozialpädagogisches Segeln" (VsS) aus Reutlingen. Die Kompetenzen beider Gesellschafter konnten wir in diesem Projekt recht erfolgreich zusammenführen und bündeln: Die KBF bringt Ihre Kompetenzen aus Verwaltung, Organisation und damit die notwendige Hintergrundstabilität ein, der VsS seine Erfahrungen aus dem Freizeitgeschäft.

CAP – das steht für **Chancen-Arbeit–Perspektiven**; die Namensgleichheit mit den CAP-Märkten ist eher ein gewollter Zufall, weil sie den Gästen und Kunden einen dezenten Hinweis liefert, was sich hinter dieser Firma verbirgt, nämlich ein Integrationsunternehmen nach § 132 SGB IX. Auf die besonderen Merkmale von Integrationsbetrieben komme ich nachher noch zu sprechen.

Seit 2003 betreiben wir am Ortsrand Friedrichshafen eine barrierefreie Ferienanlage mit Campingplatz, Pension und Gastronomie.

Inzwischen haben wir mit der LÄDINE in Immenstaad noch einen Schifffahrtsbetrieb mit einem historischen Lastensegler für 60 Passagiere. Damit veranstalten wir im Sommer Rundfahrten und Charterfahrten für Betriebsfeste oder Familienfeiern.

Auf dem CAP-Gelände in Friedrichshafen ist zudem noch ein Ferien- und Tagungshotel im Bau, das 26 Betten im 3-Sterne Segment erhalten wird. Die Eröffnung ist für Juni 2014 geplant.

Campingplatz und Schifffahrtsbetrieb werden nur saisonal von Ostern bis Oktober betrieben; Hotel und Gaststätte sind ganzjährig mit Ausnahme der Betriebsferien geöffnet, die üblicherweise im November und März liegen.

Pro Jahr verzeichnen wir ca. 10.000 Anreisen und mittlerweile über 30.000 Übernachtungen, die Tendenz ist weiter steigend. Im Jahr 2003 haben wir mit 18.000 Übernachtungen begonnen. Wir beherbergen Urlauber, Messegäste der Messe Friedrichshafen, Städtetouristen und auch Gruppenfreizeiten aus Einrichtungen der Behindertenhilfe.

Die Stammbelegschaft besteht aus 13 Personen, davon 9 mit einer anerkannten Schwerbehinderung. Sie teilen sich ca. 10 Vollzeitstellen ganzjährig in allen Betriebsabteilungen und haben reguläre, sozial-versicherungspflichtige Arbeitsverhältnisse. In den Sommermonaten werden noch zusätzlich Saisonkräfte eingestellt.

Für dieses „inklusive" Beschäftigungsmodell bekam die CAP diverse Auszeichnungen, darunter den begehrten ADAC Camping-Award, den Touristikpreis der Zeitung „Sonntag aktuell" und im Jahr 2011 den „Innovationspreis Integration" vom Sozialministerium Baden-Württemberg und vom „Kommunalverband für Jugend und Soziales" KVJS.

Damit wären wir bereits am Ende der Hochglanz-Werbeveranstaltung. Wenn ich Ihnen damit Lust auf Bodensee-Urlaub gemacht habe, besuchen Sie uns gerne einmal, aber buchen Sie rechtzeitig!

Werfen wir nun einen Blick hinter die Kulissen dieses beneidenswerten Arbeitsplatzes als „Berufsurlauber mit Baywatch-Image" – wie wir von Gästen gelegentlich bezeichnet werden:

Anerkannte Integrationsbetriebe nach § 132 SGB IX sind Unternehmen des ersten Arbeitsmarkts; die Rechtsaufsicht obliegt in Baden-Württemberg dem Landesintegrationsamt, also KVJS.

§ 132 Begriff und Personenkreis
(1) Integrationsprojekte sind rechtlich und wirtschaftlich selbständige Unternehmen (Integrationsunternehmen) oder unternehmensinterne oder von öffentlichen Arbeitgebern im Sinne des § 71 Abs. 3 geführte Betriebe

(Integrationsbetriebe) oder Abteilungen (Integrationsabteilungen) zur Beschäftigung schwerbehinderter Menschen auf dem allgemeinen Arbeitsmarkt, deren Teilhabe an einer sonstigen Beschäftigung auf dem allgemeinen Arbeitsmarkt auf Grund von Art oder Schwere der Behinderung oder wegen sonstiger Umstände voraussichtlich trotz Ausschöpfens aller Fördermöglichkeiten und des Einsatzes von Integrationsfachdiensten auf besondere Schwierigkeiten stößt.
(2) Schwerbehinderte Menschen nach Absatz 1 sind insbesondere
1. schwerbehinderte Menschen mit geistiger oder seelischer Behinderung oder mit einer schweren Körper-, Sinnes- oder Mehrfachbehinderung, die sich im Arbeitsleben besonders nachteilig auswirkt und allein oder zusammen mit weiteren vermittlungshemmenden Umständen die Teilhabe am allgemeinen Arbeitsmarkt außerhalb eines Integrationsprojekts erschwert oder verhindert,
2. schwerbehinderte Menschen, die nach zielgerichteter Vorbereitung in einer Werkstatt für behinderte Menschen oder in einer psychiatrischen Einrichtung für den Übergang in einen Betrieb oder eine Dienststelle auf dem allgemeinen Arbeitsmarkt in Betracht kommen und auf diesen Übergang vorbereitet werden sollen, sowie
3. schwerbehinderte Menschen nach Beendigung einer schulischen Bildung, die nur dann Aussicht auf eine Beschäftigung auf dem allgemeinen Arbeitsmarkt haben, wenn sie zuvor in einem Integrationsprojekt an berufsvorbereitenden Bildungsmaßnahmen teilnehmen und dort beschäftigt und weiterqualifiziert werden.

(3) Integrationsunternehmen beschäftigen mindestens 25 Prozent schwerbehinderte Menschen im Sinne von Absatz 1. Der Anteil der schwerbehinderten Menschen soll in der Regel 50 Prozent nicht übersteigen.

Zur Anerkennung der Gemeinnützigkeit durch die Finanzverwaltung müssen jahresdurchschnittlich mindestens 41% der Belegschaft anerkannt schwerbehindert sein. Zudem muss zwingend medizinisches, psychologisches oder pädagogisches Fachpersonal in der Firma angestellt sein. Dafür können alle Dienstleistungen des Integrationsbetriebs zum ermässigten Mehrwertsteuersatz von 7% verkauft werden.
Der KVJS fordert wiederum, dass höchstens 50% aller Beschäftigten einen

Schwerbehindertenstatus haben, um den Integrationsgedanken zu wahren. Zudem sollen mindestens die Hälfte der schwerbehinderten Angestellten aus Werkstätten für behinderte Menschen (WfbM) überwechseln oder WfbM-Vermeider sein, also beispielsweise Abgänger von Förderschulen. Dafür werden Lohnkostenzuschüsse als Minderleistungsausgleich nach der Schwerbehinderten-Ausgleichsabgabenverordnung zwischen 15 und 50% des Arbeitgeber-Bruttolohns gewährt.

Die Personalgewinnung gemäß der vorgegebenen Schwerbehinderungsquote, hat sich also an dem engen Korridor zwischen 41 und 50% der Gesamtbelegschaft zu orientieren. Zugleich muss die Leistungsfähigkeit des Betriebs gewahrt bleiben, denn wir stehen ja im direkten wirtschaftlichen Wettbewerb mit anderen gewerblichen Unternehmen, die ihre Belegschaft rein nach Qualifikation und Kompetenz auswählen und lieber die monatliche Ausgleichsabgabe bezahlen, um eben unsere schwerbehinderten Mitarbeiterinnen und Mitarbeiter nicht beschäftigen zu müssen. Der erweiterte Kündigungsschutz wird hier gerne als Einstellungshemmnis angeführt.

Dieser Spagat zwischen Wettbewerbsfähigkeit einerseits und sozialem Beschäftigungsauftrag andererseits ist nicht immer einfach zu meistern; aber das ist das Problem der Geschäftsleitung.

Die obigen Überlegungen führen uns zum eigentlichen Thema der Fachtagung:
Alles inklusive!?
Teilhabe und Wertschätzung in der Leistungsgesellschaft.

Unsere Angestellten haben Arbeitsverträge mit allen gängigen Rechten und auch Pflichten von gewerblichen Arbeitnehmern. Die Bezahlung ist orts- und branchenüblich, beginnend bei 7,00 € für die Angestellten mit dem höchsten Unterstützungsbedarf. Mit der geplanten Einführung des Mindestlohns von 8,50 € werden sich hier Anpassungen vollziehen müssen.

Zwar bieten wir berufliche Orientierungspraktika in der Firma an, doch nicht jeder wechselwillige Bewerber aus einer WfbM ist nach einem Praktikum oder einer Probebeschäftigung bereit, die „Komfortzone" der Werkstätte zu verlassen und bei der CAP anzuheuern, denn:
- Wir arbeiten immer dann am meisten, wenn andere Leute Freizeit haben, also an Wochenenden und in Ferienzeiten: d.h. z.B. bis zu vier Reinigungsschichten im Sanitärbereich in den Sommermonaten – die erste um

06:00 Uhr morgens, und das an allen sieben Wochentagen!
- Wir haben eine totale Urlaubssperre in der Saison zwischen Beginn der Pfingstferien und Ende der Sommerferien,
- Wir haben einen unabdingbaren Leistungsanspruch seitens der Geschäftsleitung, dass von 60 Minuten bezahlter Arbeitszeit mindestens 50 Minuten effizient gearbeitet wird, bei ständiger „Verführung" seitens gelangweilter Urlauber, die unsere Angestellten gerne auch während ihrer Dienstzeit zum Kaffeetrinken einladen. In einem bestimmten Rahmen verbuchen wir dies als „aktive Öffentlichkeitsarbeit".
- Wir haben einen klaren Qualitätsanspruch: Es ist nicht egal, ob und wie Arbeitsaufträge ausgeführt werden, sondern sie müssen umgehend, gut und verlässlich erledigt werden und dulden oft keinen Aufschub.
- Wir reklamieren hier keinen „Behindertenbonus". Dazu werden v.a. im Winterhalbjahr Kompetenzschulungen durchgeführt.
- Alle peinlichen Mißgeschicke und Fehler geschehen nicht hinter verschlossenen Türen, sondern in aller Öffentlichkeit. Dazu muss man sich dann auch der nicht immer konstruktiven Kritik der Gäste stellen.

So, und schon ist nichts mehr übrig vom beneidenswerten Berufs-urlauber-Image.

Warum nehmen unsere Angestellten dann dennoch diese ganzen Unannehmlichkeiten in Kauf und kommen verlässlich zur Arbeit?

1. Die betriebsinterne Wertschätzung:
Aufgabe der Unternehmensleitung ist es, für ein konstruktives, angenehmes und damit produktives Betriebsklima zu sorgen. Diese Führungskultur braucht nicht neu erfunden zu werden: die klassischen Variablen des personenzentrierten Konzepts von Carl Rogers, nämlich Echtheit, Empathie und eine bedingungsfreie persönliche, leistungsunabhängige Wertschätzung halte ich hier für unabdingbare Führungsinstrumente, die übrigens auch nicht-inklusiven Betrieben gut anstehen würden.

2. Die externe Wertschätzung:
Die stetig steigenden Besucherzahlen, insbesondere auch die zunehmende Zahl unserer Stammgäste und ihre positiven Rückmeldungen kann der Belegschaft leicht als neutrale, externe Wertschätzung der eigenen Leistung ver-

mittelt werden: Diesen Unternehmenserfolg haben wir gemeinsam erarbeitet. „… weil auch die Gäste zu uns kommen…" (Zitat einer Mitarbeiterin). Dies ist ein Motivationsfaktor, den so kaum eine Führungskraft vermitteln könnte, verbunden mit dem Stolz auf die eigene Leistung, die von fremden Menschen ausdrücklich gewürdigt wird. Denn wenn ein Gast einmal kommt, dann haben wir noch keine Leistung erbracht; kommt er jedoch mehrfach wieder, dann ist das unser Verdienst!

Damit sind wir auch schon bei der **Teilhabe:** Hier vollzieht sich meiner Ansicht nach eine ganz wesentliche gesellschaftspolitische Aufgabe von Integrationsbetrieben: War früher das Phänomen „Behinderung" aus dem gesellschaftlichen Alltag weitgehend ausgegliedert und somit kaum sichtbar, weil auch WfbMs meist hinter verschlossenen Türen gearbeitet haben, so bringen die Integrationsunternehmen nun eine neue Qualität in die Gesellschaft: Durch attraktive Produkte und Dienstleistungen mischen wir uns ungefragt in den Markt und provozieren damit, dass der sogenannte „nicht-behinderte" Teil der Gesellschaft sich auf uns zubewegt, um eben diese Leistungen der Integrationsbetriebe in Anspruch zu nehmen. D. h. wir bitten nicht mehr um Teilhabe, sondern sie wird uns aufsuchend entgegengebracht: Das ist meiner Ansicht nach der beste aller denkbaren Wege und wenngleich wir hier auch noch am Anfang stehen, so sind die ersten erfolgreichen Schritte doch getan. Mit jedem Besuch nicht behinderter Gäste bei uns werden auch eventuell vorhandene Vorbehalte abgebaut. Den Publikumsverkehr in der CAP-Ferienanlage betrachte ich als eine selbstverständlich gelebte Normalität.

Auf der individuellen Ebene möchte ich diesen Teilhabeaspekt am Beispiel eines unserer Angestellten kurz illustrieren: Früher in der WfbM beschäftigt für 150 € Arbeitsprämie im Monat verdient er nun nahezu das 5-fache. Das ermöglicht ihm u.a. eine Dauerkarte für die VfB-Friedrichshafen Volleyballmannschaft – ein europäisches Spitzenteam.

Er trat dem örtlichen Fanclub bei und fand damit einen neuen Freundeskreis außerhalb seiner Werkstatt- und Wohneinrichtung. Er reist zu Auswärtsspielen mit den Profis im Mannschaftsbus, wird zu Mannschaftsfeiern eingeladen oder fliegt gar zum Champions-League-Spiel nach Athen. Welch eine Entwicklung der individuellen Lebensqualität! Und dafür kommt er gerne wieder zur Frühschicht am nächsten Sonntag früh um 6:00 Uhr.

Betrachten wir noch einige Gelingensfaktoren in der Firma:

1. Mitentscheidend für den Unternehmenserfolg ist ein positives Betriebsklima in der Firma: Die atmosphärische Komponente ist bei einer Belegschaftsstruktur, wo einzelne Angestellte nur über eingeschränkte kognitive Fähigkeiten verfügen, noch viel wesentlicher als in herkömmlichen Betrieben: sie leben quasi von der guten Atmosphäre.

Die Etablierung und Pflege einer „verständnisorientierten Unternehmenskultur" ist damit eine der wesentlichsten Führungsaufgaben. Die Wichtigkeit sozialer Kompetenzen gilt es insbesondere auch den Kolleginnen und Kollegen zu vermitteln, die keinen Schwerbehindertenstatus haben. Das ist mitunter die größte Herausforderung.

2. Erkennen individueller Stärken und ungenutzter Entwicklungspotentiale:
Während in den Sommermonaten alle Einsatzpläne auf eine reibungslose Funktionalität ausgerichtet sein müssen, bieten die schwachlastigen Wintermonate die Möglichkeiten zur Personalschulung und zur Erprobung in anderen Betriebsabteilungen mit abweichenden Anforderungsprofilen. Mehrfach haben dadurch Angestellte schon betriebsintern die Stelle gewechselt. Sicherlich liegt ein Erfolgsfaktor darin, dass wir beständig versuchen, die Arbeitsprozesse den Kompetenzen unserer Angestellten anzupassen.

3. Vermeidung von Wertigkeitszuordnungen einzelner Tätigkeiten:
Es gibt keine sogenannten „niederen Arbeiten" – denn auch einfache oder schmutzige Tätigkeiten wie z.B. das Müllmanagement sind für den gemeinsamen Unternehmenserfolg wichtig. Auch hier ist die Betriebsleitung gefordert, Einsichten zu vermitteln und ggf. mit gutem Beispiel voranzugehen. Insbesondere muss den nichtbehinderten Angestellten immer wieder die Existenzberechtigung der Firma und ihr sozialer Beschäftigungsauftrag vermittelt werden: Ihre Aufgabe ist eine unterstützende!

4. Nicht zu unterschätzen ist auch ein äußerer Erfolgsfaktor:
Erst der attraktive Standort mit seinen Vorteilen wie Nähe zur Stadt Friedrichshafen mit ihren Attraktionen, Nähe zur Messe, Seeuferlage, Angrenzung ans Naturschutzgebiet, hervorragende Sicht auf die Alpen etc. haben diese

positive Entwicklung überhaupt ermöglicht. Zudem entstehen durch die Unternehmensentwicklung weitere Synergieeffekte: Ferienanlage und Schifffahrtsbetrieb bewerben sich gegenseitig und profitieren gleichermaßen von dem erweiterten Nutzerkreis. Auch die mediale Berichterstattung in Presse und Fernsehen trägt wesentlich zum Unternehmenserfolg bei.

Hinzu kommt die uneingeschränkte und nachdrückliche Unterstützung durch die Träger bzw. Gesellschafter, ohne die das Projekt vor allem in den Anfangsjahren nicht überlebensfähig gewesen wäre. Das möchte ich hier ausdrücklich dankend erwähnen!

Fazit und Resümée nach nunmehr 11 Jahren Betriebstätigkeit:

1. In bisher zwei Fälle gelang der vom Gesetzgeber beabsichtigte Weg: WfbM → Integrationsbetrieb → gewerblicher Arbeitsplatz auf dem ersten Arbeitsmarkt. Ob dies gelingt, ist häufig von der Aufnahmefähigkeit des ersten Arbeitsmarkts abhängig. Auch die dauerhafte Anstellung im Integrationsunternehmen, muss als beruflicher Integrationserfolg gewertet werden, denn auch hier hat sich eine Karriere weg vom Hilfeempfänger und hin zum Beitrags- und Steuerzahler vollzogen.

2. Die Personalfluktuation bei den Angestellten mit Schwerbehinderung ist ausserordentlich gering, Motivation und Identifikation mit der Firma entsprechend hoch. Mehrere Mitarbeiter/innen haben bereits ihr 5-jähriges Betriebsjubiläum gefeiert, eine sogar 10-jähriges und geht im nächsten Monat in Altersrente. Ich werte dies als Indikator für ein hinreichend konstruktives Betriebsklima.

3. Abschließend möchte ich an der Fachtagung der KBF im November 2013 und an den Titel dieses Buches anknüpfen: **– Alles Inklusive!? –**

Ich meine Ja, denn wie das Beispiel zeigt, sind mit den entsprechenden Rahmenbedingungen Teilhabe und Wertschätzung auch in dieser leistungsorientierten Gesellschaft durchaus möglich!

Anke Springer
Leichte Sprache –
Zugang zu Information als Weg zur Inklusion

Brückenschaltung

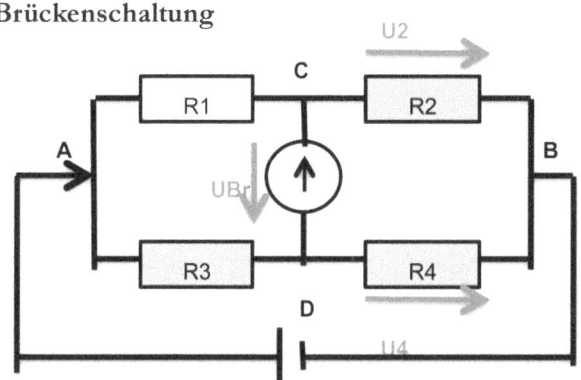

Die Brückenschaltung besteht aus der Parallelschaltung zweier Spannungsteiler. Teilt der Spannungsteiler aus R1 und R2 die zwischen den Punkten A und B angelegte Spannung im gleichen Verhältnis wie der Spannungsteiler aus R3 und R4, so besteht zwischen den Punkten C und D keine Spannung. Die Brücke ist dann abgeglichen."
(aus der Formelsammlung: Formeln für Elektroniker, S.10)

Sie verstehen nur Bahnhof? So geht es Menschen mit einer geistigen Behinderung, die ich im Rahmen dieses Beitrages Menschen mit Lernschwierigkeiten nennen werde, ebenfalls im Alltag unserer Informationsgesellschaft.

Die Information, wie eine Brückenschaltung funktioniert, mag in unserem Alltag unwichtig sein. Dafür haben wir Spezialisten. Doch unsere komplexe Gesellschaft steckt voller wesentlicher Informationen, die uns Orientierung geben, die uns helfen, uns in der Welt zu verorten und darin zu handeln. Informationen entscheiden über Zugänge in unsere Funktionssysteme Bildung, Arbeit und Bürger eines Gemeinwesens sein.

Immer wieder begegnen mir Menschen mit Lernschwierigkeiten, denen wesentliche Informationen fehlen, die jedoch ihr Leben maßgeblich betreffen.

In einem Interview erzählte mir ein Mann Mitte 40, der mit dem Persönlichen Budget aus einer stationären Heimwohngruppe in eine private Wohnform wechselte, dass er nur über eine private Wohnung verfügen könne, weil er in das Persönliche Budget gewechselt sei.

Dieser Mann wusste nicht, dass es im Rahmen der Sachleistung die Wohnformen Heimwohngruppe, Außenwohngruppe und Ambulant Betreutes Wohnen gibt. Er wusste nicht, dass er schon vor dem Persönlichen Budget in eine private Wohnung im Rahmen des Ambulant Betreuten Wohnen hätte ziehen können.

Herr Vogel verfügte über keinerlei Informationen, welche Hilfen der Eingliederungshilfe es gibt. Entsprechend konnte er nicht bewerten, welche Hilfe für ihn passend wäre und welche Hilfe seinen Vorstellungen vom Leben entspricht. Herr Vogel hatte keine Wahlmöglichkeit durch fehlende Informationen. Es waren andere, die für ihn bewerteten und entschieden.

Diese Nicht-Information führte dazu, dass Herr Vogel über 20 Jahre lang auf eine eigene Wohnung warten musste, bis ihn ein Zufall zum Persönlichen Budget und somit in eine eigene Wohnung führte. Die fehlende Information führte zu einer massiven Einschränkung in der Verwirklichung seiner Vorstellung von einem guten Leben.

Genauso erlebte ich es bei der Übersetzung der Handlungsempfehlungen des Teilhabeplanes des Landkreis Tübingen in **Leichte Sprache**.
Gemeinsam mit Menschen mit Lernschwierigkeiten und zum Teil anderen Handicaps wurde die Übersetzung auf Verständlichkeit hin geprüft. Die Überprüfung auf Verständlichkeit ist der wichtigste Schritt bei einer Übersetzung in Leichte Sprache.

In der Arbeitsgruppe fiel des Öfteren der Satz: „Aha, so ist das. Das habe ich gar nicht gewusst." Dabei geht es um die Gestaltung der Hilfen für sie selbst als Bürger bzw. Bürgerinnen mit Behinderung im Landkreis Tübingen. Es geht um ihre Rechte. Wenn sie ihr Recht nicht kennen, können sie es auch nicht einfordern.

Axel Honneth würde dazu sagen, Menschen mit Lernschwierigkeiten können als sozial ausgeschlossene Gruppe innerhalb unserer Gesellschaft durch fehlende Informationen nur ungenügend um ihre Anerkennung auf der kognitiven Ebene, ja um die Anerkennung als autonome und zu moralischem Handeln fähige Gesellschaftsmitglieder kämpfen.

Diese Anerkennungsstufe steht in der Logik der Anerkennungstheorie von Honneth an zweiter Stelle. Erst danach folgt die Stufe der sozialen Wertschätzung – der Solidarität. Ziel dieser dritten Anerkennungsstufe ist es nach Honneth, dass jedes Subjekt ohne kollektive Abstufung die Chance erhalten soll, „sich in seinen eigenen Leistungen und Fähigkeiten als wertvoll für die Gesellschaft zu erfahren." [1] Nach der Anerkennungstheorie ist das Ziel eine inklusive Gesellschaft,
- in denen sich die Gesellschaftsmitglieder in ihrer Heterogenität anerkennen
- bzw. als gleichberechtigte Bürger in ihren individuellen Eigenschaften und Fähigkeiten durch die Gesellschaft intersubjektive Zustimmung erfahren.

An dieser Stelle setzt das Konzept der Inklusion an, das die Heterogenität einer Gruppe, einer Gemeinschaft, einer Gesellschaft als Potential für gesellschaftliche Entwicklung begreift.

Die Pädagogik der Vielfalt (als Zweig der inklusiven Pädagogik) beschreibt Inklusion als eine Anerkennung von individuellen Differenzen vor dem Hintergrund universeller Gleichheit. Hier finden Sie eine Nähe zur Anerkennungstheorie von Honneth.

Nach Honneth entwickeln sich Gesellschaften unter dem Druck nach Anerkennung. Er unterscheidet dabei drei Anerkennungsstufen –„Liebe – Recht – Solidarität"[2], die aufeinander aufbauen.

Wenn ich den Kampf um Anerkennung der Gruppe der Menschen mit Lernschwierigkeiten verorten müsste, dann würde ich diesen Kampf aktuell der Stufe zwei zuordnen. Wie andere sozial ausgeschlossene und benachteiligte soziale Gruppen befinden sich Menschen mit Lernschwierigkeiten momentan in einem Empowermentprozess. In diesem kämpfen sie um ihre Rechte, gegen Bevormundung und ungleiche Lebenschancen.

Welche Funktion kann nun in diesem Kampf um Anerkennung auf der kognitiven Ebene „Leichte Sprache" einnehmen?
Menschen können nur ihre Rechte einfordern und damit Selbstachtung gewinnen, wenn sie wissen welche Rechte sie haben. So gibt es zunehmend Übersetzungen von rechtlichen Grundlagen in Leichte Sprache.
Hier möchte ich als Beispiel die Übersetzung der UN-Behindertenrechts-

---
1 Honneth, 1994, S. 210
2 Honneth, 1994, S. 211

konvention nennen.

Bei einer Übersetzung von Rechten in Leichte Sprache geht es nicht nur darum, die Paragraphen zu übersetzen. Am Beginn wird die UN-Behindertenrechtskonvention erklärt. Es werden Fragen beantwortet wie zum Beispiel: Wer hat die Vereinbarung geschrieben? Auf Seite 84 finden wir die Antwort: „Die Vereinten Nationen haben die Vereinbarung über die Rechte von Menschen mit Behinderung geschrieben."

Mit dem Begriff „Vereinte Nationen" können viele Menschen mit Lernschwierigkeiten nichts anfangen. Darum wird auch dieser Begriff erklärt.

„Die Vereinten Nationen sind 192 Länder aus der ganzen Welt.
Die Länder haben sich zusammen getan und machen zusammen Politik.
Diese Länder beschließen zum Beispiel wichtige Gesetze."

Danach wird der Sinn und Zweck der UN-Behindertenrechtskonvention auf den Seiten 85 - 86 in Leichter Sprache beschrieben. Hier ein Beispiel:

„Durch die Vereinbarung **sollen Menschen mit Behinderung die gleichen Rechte wie alle Menschen haben.**
So sollen Menschen mit Behinderung ein gutes Leben haben."

Insgesamt werden in Teil 1 diese allgemeinen Dinge im Vorfeld erklärt. Erst in Teil 2 werden ab der Seite 89 tatsächlich die einzelnen Paragraphen übersetzt.

Die Paragraphen werden erst verständlich in einem Kontext, in einem Sinnzusammenhang. Bei Übersetzungen in Leichte Sprache geht es immer auch darum, diesen Kontext zu erklären. In meiner vergangenen Arbeit mit Menschen mit Lernschwierigkeiten als Heilerziehungspflegerin habe ich es mit den Worten umschrieben „die Welt erklären", um darin eine eigene Position entwickeln und eigene Entscheidungen treffen zu können. Dazu brauchen Menschen mit Lernschwierigkeiten Informationen, die für sie oft nur unzureichend zugänglich sind.

Durch die Übersetzung der UN-Behindertenrechtskonvention in Leichte Sprache können sich Menschen mit Lernschwierigkeiten als Rechtsträger bzw. Rechtsträgerinnen erleben. Sie bekommen ihre benötigten Hilfen nicht aus „Gottes Gnaden" oder aus „Barmherzigkeit", sondern, weil sie ein Recht auf Hilfe haben. Diese Information halte ich für Menschen mit Lernschwierigkeiten für zentral und auch als Chance für professionelle Hilfe, indem die zumeist asymmetrische professionelle Beziehung ein Stück weit aufgehoben wird.

Durch das Wissen um das Recht können sich Menschen mit Lernschwierigkeiten und Profis eher auf Augenhöhe begegnen. Das bedeutet für die Profis gleichzeitig mehr Arbeit und einen Machtverlust.

Hier ein Beispiel aus meiner früheren Praxis:
Bei der ambulanten Begleitung einer erwachsenen Frau mit Lernschwierigkeiten in einer privaten Wohnung war es mir wichtig, dass diese Frau weiß, dass sie ein Recht dazu hat, durch mich in ihrem Alltag Hilfe zu erhalten. Dieses Recht begründet die Finanzierung von Eingliederungshilfe durch den Sozialhilfeträger. Diese Information gab ihr eine ganz andere Position mir gegenüber. Man hat es eher an Kleinigkeiten gemerkt, dass sie ihre veränderte Position mir gegenüber Stück für Stück einnahm. Hier ein Beispiel: Wenn ich 5 Minuten zu früh klingelte, hat sie aus dem Fenster gerufen, dass ich noch 5 Minuten warten müsse – auch wenn es in Strömen regnete. Natürlich war das für mich unangenehm – aber es war ihr Recht, Vereinbarungen auch einzufordern.

Genauso war es mir wichtig, dass meine Klientin darüber informiert wird, dass das Sozialamt etwas fordert, wenn es Hilfen bezahlt. Neben der Bedürftigkeitsprüfung geht es in erster Linie um ihren Hilfebedarf. Das Sozialamt will wissen, bei welchen Dingen im Leben sie Hilfe benötigt und wünscht.

Genauso will das Sozialamt nach einem gewissen Zeitraum wissen, ob sich etwas verändert hat oder ob sie weiterhin Hilfe benötigt. Dieses Verfahren kennen Sie sicherlich alle als Hilfebedarfserhebung, Hilfeplanung und Entwicklungsberichte, die wir in der Vergangenheit oft stellvertretend für unsere Klient/innen verfasst haben. Hier ergibt sich in der Einbeziehung unserer Klient/innen eine große Chance. Zum einen haben wir eine Hilfeplanung, die den Vorstellungen unserer erwachsenen Klient/innen entspricht. Auf der anderen Seite wird diesen ihre Pflicht gegenüber dem Kostenträger transparent. Sie sind Leistungsberechtigte mit Rechten und Pflichten.

Natürlich habe ich meine damalige Klientin den Bericht an das Sozialamt nicht alleine verfassen lassen. Aber wir haben anhand des H.M.B.-W.- Verfahrens alle Punkte durchgesprochen und haben gemeinsam ihren Hilfebedarf festgelegt. Unterschiedliche Einschätzungen mussten ausdiskutiert werden.

Zugleich haben wir in diesem Zuge die Inhalte des Betreuungsvertrages festgelegt und eine individuelle Hilfeplanung erarbeitet. Anhand der Notizen habe ich einen entsprechenden Bericht verfasst und meiner Klientin vorgelesen, den sie wiederum unterzeichnet hatte.

Damit Menschen mit Lernschwierigkeiten sich als Bürger mit Rechten und Pflichten erleben können, bedeutet das auch für die professionelle Unterstützung, die ja auf einer Rechtsgrundlage beruht, Transparenz, konsequente Einbeziehung unserer Klient/innen und Verfahren der Vertragsgestaltung, Hilfebedarfserhebungen und Berichterstattung, die für Menschen mit Lernschwierigkeiten verständlich, nachvollziehbar und bewältigbar sind.

Auf der regionalen Ebene haben wir in den Landkreisen und kreisfreien Kommunen den sogenannten Teilhabeplan. Er beschreibt die Lebenssituation von Menschen mit Behinderung und welche Hilfen es im Landkreis gibt; genauso werden gewünschte Perspektiven für die Zukunft formuliert.

Es geht also um die Lebensbedingungen von Menschen mit Behinderung an ihrem Lebensort. Hier finden wir zunehmend eine Einbeziehung der Bürger mit Behinderung des Landkreises. Behörden, Einrichtungsträger der Behindertenhilfe und Bürger mit Behinderung entwickeln gemeinsam Perspektiven. Damit auch Menschen mit Lernschwierigkeiten an diesem Prozess teilhaben können, benötigen die Kommunen Kompetenzen in „Leichter Sprache in Wort und Schrift." Genauso auch bei der Umsetzung des gesetzlichen Auftrages der Hilfeplanung bei Beantragung von Eingliederungshilfeleistungen.

So waren zum Beispiel auch bei der Teilhabeplanung in Tübingen Menschen mit Lernschwierigkeiten beteiligt. Der Landkreis Tübingen hatte sich zudem entschlossen, die Handlungsempfehlungen in „Leichte Sprache" zu übersetzen. Nicht nur die Bürger mit Lernschwierigkeiten, die an dem Prozess der Teilhabeplanung mitgewirkt hatten, sollten über die Teilhabeplanung informiert sein, sondern alle Bürger mit Lernschwierigkeiten, die im Landkreis leben.

Zusätzlich zur schriftlichen Übersetzung der Handlungsempfehlungen wurde der Text in leichter Sprache für die Personen, die nicht lesen können, vorgelesen. So kann man auf der Homepage des Landkreises Tübingen die Handlungsempfehlungen als PDF-Datei in Leichter Sprache oder als Audio-Datei abrufen.

Zusätzlich bemühen sich einzelne Landkreise, ihre Mitarbeiter/innen zum Thema „Leichte Sprache" in Wort und Schrift zu schulen, damit das Verfahren der Beantragung, die Hilfeplanung und Bewilligung von Eingliederungshilfeleistungen für die Leistungsberechtigten verständlich und bewältigbar wird.

Sie sehen, auf kommunaler Ebene finden wir zahlreiche Bemühungen und kreative Ideen, damit Menschen mit Lernschwierigkeiten durch „Leichte Sprache" als Bürger und Rechtsträger an regionalen und individuellen Prozessen teilhaben können.

Als ich vor einem Jahr meinen Unterricht im Fach Heilerziehung an der Paritätischen Berufsfachschule für Sozial- und Pflegeberufe in Hausach vorbereitet hatte, recherchierte ich zum Thema „Leichte Sprache" im Internet. Die Anzahl der Treffer war durchaus überschaubar. Zur Vorbereitung für diesen Vortrag unternahm ich in den letzten Wochen erneut eine Recherche und konnte erfreut feststellen, dass die Anzahl der zugänglichen Informationen in Leichter Sprache deutlich angestiegen – ja geradezu explodiert ist. So finden sich Internetauftritte von Bundesministerien in Leichter Sprache. Genauso finden sich Wahlprogramme der einzelnen Parteien zur Bundestagswahl 2013 in Leichter Sprache. Gerade zum Thema „Wählen" brachte die Landeszentrale für politische Bildung in Baden-Württemberg bereits zur Landtagswahl im Jahr 2011 eine umfangreiche Broschüre für Menschen mit Lernschwierigkeiten heraus. Diese Broschüre heißt: „Einfach wählen gehen." Hier finden Menschen mit Lernschwierigkeiten Informationen zu den Themen:
• Demokratie
• Was ist ein Landtag?
• Was ist eine politische Partei?
• Wer ist Wahlberechtigt?

- Wie wählt man in einem Wahllokal?
- Wie funktioniert eine Briefwahl? etc.

Auch andere Bundesländer folgten diesem Beispiel. So gibt es in Niedersachsen eine kleine Broschüre für Menschen mit Lernschwierigkeiten zur Kommunalwahl. Ich könnte in diesem Zusammenhang noch viele Beispiele nennen.

Gemeinsam haben diese Bemühungen, dass Menschen mit Lernschwierigkeiten ihr Recht auf Wählen durch verständliche Informationen wahrnehmen können und somit ihre Rolle als Bürger in unserer Gesellschaft.

Es finden sich jedoch auch Biographien wie zum Beispiel „Anne Frank, ihr Leben" – dadurch können Menschen mit Lernschwierigkeiten an unserem historischen Erbe teilhaben. Auf der Bücherliste vom Netzwerk Leichte Sprache findet sich auch eine Aufarbeitung über die Euthanasieanstalt in Hadamar.

Die Bücherliste vom Netzwerk Leichte Sprache ist sehr umfangreich und beinhaltet vielfältige Themen wie zum Beispiel Informationen über Leichte Sprache, Liebe, Sexualität und Schwangerschaft, rechtliche Bestimmungen, Selbstbestimmung, Wohnen, Arbeit, Gesundheit, etc. Einzelne Rubriken sind leider nur schwach vertreten, wie zum Beispiel die Rubrik „Romane, Geschichten und Erzählungen". Dennoch lohnt es sich, in dieser Liste zu stöbern.

Insgesamt handeln die meisten Texte von den Rechten als Bürger mit Behinderung. Es sind Texte die über Sachverhalte aufklären. Vielleicht könnte man von einem beginnenden Zeitalter der Aufklärung von Menschen mit Lernschwierigkeiten durch Leichte Sprache sprechen.

Es sind die Menschen mit Lernschwierigkeiten selbst, die durch ihre Selbsthilfevertretung „Mensch zuerst – Netzwerk People First Deutschland" Leichte Sprache erstmals eingefordert hatten.

Den Betroffen ist mittlerweile klar,
- dass sie sich die Welt nur durch Informationen erschließen können.
- dass sie an den unterschiedlichen gesellschaftlichen Prozessen nur teilhaben können, wenn sie gesellschaftliche Strukturen und deren Institutionen verstehen.

- dass sie nur selbst entscheiden können, wenn sie wissen, welche Alternativen zur Auswahl stehen und welche Alternative welche Konsequenz zur Folge haben könnte.
- dass sie Bürger dieser Gesellschaft mit Rechten und Pflichten sind.
- dass sie diese Rolle als Bürger nur mit den notwendigen Informationen ausüben können.

Leichte Sprache unterstützt Menschen mit Lernschwierigkeiten in ihrem Kampf gegen sozialen Ausschluss, Benachteiligung und Bevormundung, in ihrem Kampf für rechtliche Gleichstellung und Chancengleichheit.

Literatur

Bundesministerium für Arbeit und Soziales: Übereinkommen der Vereinten Nationen über die Rechte von Menschen mit Behinderung, Bonn 2010

Honneth, Axel: Kampf um Anerkennung, Suhrkamp Verlag Frankfurt am Main, 7. Auflage 2012

Benjamin Strohmaier
Inklusion in der Jugendarbeit –
die Arbeit mit inklusiven Bands

1. Das Konzept der Inklusion:

Der Begriff „**Inklusion**" ist mittlerweile in aller Munde, doch was bedeutet er eigentlich genau? Wie ist er vom Begriff **"Integration"** zu unterscheiden? Neben dieser Begriffsklärung wird in diesem Kapitel die rechtliche Grundlage der Inklusion in Deutschland betrachtet.

1.1 Von der Exklusion über die Integration zur Inklusion:

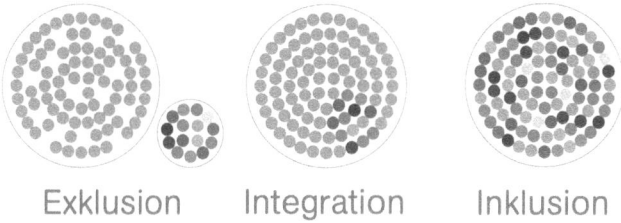

Während bei dem Konzept der Exklusion Gesellschaftsmitglieder von der Gemeinschaft getrennt und ausgeschlossen werden, ist bei der Integration ein wichtiger Schritt passiert: Die vorher noch getrennten Menschen oder Gruppen sind jetzt in die Gesellschaft eingegliedert. Sie führen jedoch ein Leben neben- statt miteinander und halten sich nur in ihren „Kreisen" auf. Bei dem inklusiven Konzept interagieren alle gemeinsam. Sie können sich von ihrer Kleingruppe lösen und vermischen sich miteinander.

Es geht um die Teilhabe aller Gesellschaftsmitglieder am gesellschaftlichen Leben. Das Ideal ist, dass alle sich mit ihren individuellen Fähigkeiten einbringen können und sich ergänzen. Es soll keine Benachteiligungen mehr geben: Menschen mit unterschiedlichem Geschlecht, Alter, Herkunft, Hautfarbe und anderer Merkmale sollen gleichberechtigt zusammen leben.

1.2 Das Übereinkommen über die Rechte von Menschen mit Behinderung

Die UN-Behindertenrechtskonvention trat in Deutschland 2009 in Kraft. Rechtlich ist also verankert, dass allen Menschen eine Teilhabe an allen gesellschaftlichen Prozessen garantiert wird. Es ist jedoch noch ein weiter Weg bis zu einer inklusiven Gesellschaft:

„In Deutschland besuchen bisher nur wenige Kinder mit Behinderung eine Regelschule." Die UN-Konvention fordert jedoch von allen Vertragsstaaten erhebliche Anstrengungen im Schulbereich – Kinder mit und ohne Behinderung sollen also in Zukunft gemeinsam unterrichtet werden können. Die Bundesländer sind daher verpflichtet, ihre Schulgesetze anzupassen und Voraussetzungen für den gemeinsamen Unterricht zu schaffen" (http://www.aktion-mensch.de/inklusion/un-konvention.php).

Die Kulturwerkstatt e.V. Reutlingen als außerschulische Bildungseinrichtung setzt mit ihrem Projekt „Hauptsache es rockt" ein inklusives Zeichen.

2. Kulturwerkstatt e.V. Reutlingen

Im Folgenden wird das Konzept der Kulturwerkstatt e.V. Reutlingen vorgestellt und der Bereich „Musikwerkstatt" ein wenig genauer betrachtet. Schließlich kommt das inklusive Rockband-Projekt „Hauptsache es rockt" zur Sprache, bei denen Menschen mit und ohne Behinderung zusammen musizieren.

2.1 Konzept

„In den Bereichen Computer und Video leistet die Kulturwerkstatt e.V. seit ihrer Gründung im Jahr 1984 als anerkannter Träger der freien Jugendhilfe und Jugendbildung für sozial benachteiligte und gefährdete junge Menschen erfolgreiche, lokal und überregional anerkannte Arbeit.

Wir achten auf eine ausgewogene Mischung aus sinnvollen Bildungsmaßnahmen und sinnlichen Kreativangeboten: Die Kulturwerkstatt e.V. verwirklicht ein Konzept, in dem das harmonische Miteinander von Kunst, Technik, Musik, Kreativität und nicht zuletzt der (junge) Mensch im Mittelpunkt stehen. Wir wirken durch unsere Arbeit präventiv. Integration, Ausbildung und Stabilisierung von sozial benachteiligten und gefährdeten jungen Menschen sind unsere Hauptanliegen.

Dabei wenden wir ausschließlich gruppenpädagogische Arbeitsformen an. Es werden sowohl in der Musikwerkstatt als auch in der Computerwerkstatt Jungen-, Mädchen- und gemischte Gruppen angeboten.

Die musikalische und mediale Förderung von Mädchen und jungen Frauen liegt uns dabei besonders am Herzen. Alle Veranstaltungen werden von pädagogisch ausgebildetem Personal regelmäßig durchgeführt."

In diesem Auszug wird deutlich, dass die Kulturwerkstatt mit ihrer gemeinnützigen Arbeit einen Beitrag zur Inklusion in der Gesellschaft leistet. Sozial Benachteiligte sind auch Menschen mit Behinderung. Aber auch materiell weniger gut gestellte Familien werden entlastet: So wird beispielsweise der Teilnahmebeitrag niedrig gehalten und es gibt eine mehrfache Staffelung der Höhe des Beitrags. Kindern und Jugendlichen wird so eine Teilnahme an den Angeboten ermöglicht.

Alle werden da abgeholt, wo sie stehen - selbst in einer heterogenen Band ist diese Methode möglich. Es wird zwar in einer Band an einem Song gearbeitet, aber die Instrumente werden je nach individuellem Kenntnisstand gespielt. So ist es nicht zwangsweise so, dass „schwächere" MusikerInnen immer Geduld von anderen abverlangen. Vielmehr ist das Sozialverhalten für die Stimmung innerhalb der Band entscheidend. Die Bandanleiter stehen den Kindern und Jugendlichen also musikalisch und pädagogisch zur Seite. Es gibt weder eine reine Produkt- noch Prozessorientierung: Es ist immer eine Mischung von beidem. Es gibt kein Produkt ohne Prozess und umgekehrt.

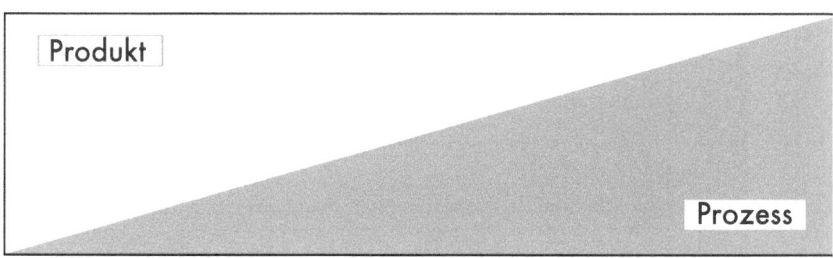

Produkt- vs. Prozessorientierung

2.2. Die Musikwerkstatt

Die Musikwerkstatt als Bereich der Kulturwerkstatt e.V. Reutlingen hat eine andere Herangehensweise als zum Beispiel eine Musikschule. Es werden zwar Kenntnisse an den Instrumenten und am Bandzusammenspiel vermittelt, aber es kommen nur selten Noten zum Einsatz und Einzelunterricht ist die Ausnahme.

Die Prinzipien „Niederschwelligkeit" und „Learning By Doing" werden hier angewandt. Somit sind schnell Erfolge sicht- und hörbar, was die Motivation aufrechterhält. Anstatt stundenlang schwierige Griffe zu lernen und nach Noten vom Blatt zu spielen, setzt die Musikwerkstatt auf die Schulung der Kommunikation mit den anderen Bandmitgliedern: Aufeinander zu hören und gleich zusammen zu spielen schafft ein starkes Gemeinschaftsgefühl. Die Erfahrung zeigt, dass nur durch das Zusammenspiel mit anderen Musikern ein (musikalisch und sozial) harmonisches Musizieren entsteht. Wenn alleine geübt wird, verbessert das zwar die technischen Fähigkeiten am Instrument. Aber erst durch das Aufeinander-Hören in Verbindung mit den individuellen Instrumentalkenntnissen kann "richtig" in einer Band gespielt werden: Es wird das gleiche Tempo gefunden. Und es erfordert Absprachen, wann Soli gespielt oder Teile des Stücks gewechselt werden.

3. "Hauptsache es rockt" – das inklusive Konzept der Kulturwerkstatt e.V. Reutlingen

Die Ziele des Projekts „Hauptsache es rockt" decken sich mit denen unserer regulären Arbeit. Sozial Benachteiligte – wie sie Menschen mit Behinderungen (noch) sind – sind genau wie Menschen ohne Behinderung gemeinsam TeilnehmerInnen des Projekts. Lernen voneinander und miteinander, Abbau von Vorurteilen und Unsicherheiten und Spaß beim gemeinsamen Musizieren sind die Schritte, die wir hin zur Inklusion gehen.

Bei unserer Arbeit mit integrativen Bands wie den "Soulhossas" und "Brennwert" entstand die Idee für den nächsten logischen Schritt: Bewusst junge Menschen mit und ohne Behinderung zusammenzubringen, die sich sonst nicht beggnen würden.

Neben den wöchentlichen Proben treffen sich alle sechs Projektbands alle paar Monate in einer großen Runde. Hier werden Videos und Fotos von Proben und Auftritten der TeilnehmerInnen angeschaut, eine große Percussionsrunde gemacht und abgefragt, welche Aktivitäten bei den nächsten Treffen unternommen werden sollen. Ein Highlight war der Studiotermin, bei denen jede Band drei Songs in einem professionellen Tonstudio aufnahm. Der Sampler „Verschieden sein ist normal" wurde mit seinen 19 Stücken Ende 2013 veröffentlicht.

Ein weiteres Highlight war zweifellos die Berlinreise. Zwei unserer Projektbands von „Hauptsache es rockt" reisten im November 2013 dorthin, um bei einer Fachtagung zum Thema Inklusion zu spielen.

4. Ausblick

Die Projektlaufzeit von „Hauptsache es rockt" beträgt zunächst drei Jahre und endet im August 2015. In dieser Zeit werden weitere Konzerte veranstaltet und Projekttreffen mit allen Bands durchgeführt. Im Herbst 2014 wird im Tonstudio ein aktueller CD-Sampler aufgenommen. Alle Aktionen werden von einer Filmemacherin mit der Kamera begleitet. So haben wir am Ende des Projekts einen schönen Film über „Hauptsache es rockt".

Gleichzeitig arbeiten wir intensiv daran, unser Modellprojekt über den Projektzeitraum hinaus auf sichere Beine zu stellen – ein kleiner Beitrag für eine Welt ohne Benachteiligung.

Das Projekt wird gefördert von der Aktion Mensch, der Paul-Lechler-Stiftung, der Karl-Danzer-Stiftung und vom Kommunalverband Jugend und Soziales (KVJS) Baden-Württemberg.

Internet:
http://www.kulturwerkstatt.de/wp-content/uploads/2012/09/Flyer_HauptsacheEsRockt_WEB1.pdf
(http://www.kulturwerkstatt.de/ueber_uns/konzept/)
http://www.aktion-mensch.de/inklusion/un-konvention.php

Susanne Zeeb
Vom Überwinden von Barrieren –
Integration/Inklusion aus Elternsicht

Mein Name ist Susanne Zeeb. Ich bin verheiratet und habe zwei Töchter im Alter von 20 und 19 Jahren. Meine ältere Tochter Isabel studiert in Köln Romanistik und Philosophie und meine jüngere Tochter Helen ist im ersten Ausbildungsjahr zur Kinderpflegerin.

Unsere erste Tochter Isabel kam im Sommer 1993 als gesundes Mädchen auf die Welt. Für meinen Mann und mich war klar, dass wir sehr schnell noch ein zweites Kind haben möchten. Die zweite Schwangerschaft verlief absolut problemlos – bis ich in der 34. Schwangerschaftswoche bei einer Routineuntersuchung beim Frauenarzt war. Als dieser eine Ultraschalluntersuchung machte, merkte ich sehr schnell an seiner Reaktion, dass irgendetwas wohl nicht in Ordnung war. Er entließ mich dann mit einer Überweisung fürs Krankenhaus mit dem Vermerk „Verdacht auf Schwerstbehinderung". Dies war ein absoluter Schock für uns. Wir gingen natürlich sofort ins Krankenhaus, um genauere Untersuchungen machen zu lassen. Dort hörten wir dann zum ersten Mal von der Diagnose *„Hydrocephalus"*. Mit diesem Begriff konnten wir damals überhaupt nichts anfangen. Bei einem Hydrocephalus funktioniert der Hirnwasserkreislauf nicht richtig. Das Hirnwasser kann über den normalen Weg nicht abtransportiert werden und es kommt zu einer Wasseransammlung im Gehirn und somit zu immer weiter steigendem Hirndruck, der die Entwicklung des Gehirns massiv beeinträchtigt.

Wir führten sehr viele Gespräche mit den Ärzten im Krankenhaus. Die wichtigste Frage war natürlich, welche Beeinträchtigungen kommen auf uns und unsere Tochter zu. Natürlich konnte uns zu dieser Zeit niemand Auskunft über den tatsächlichen Gesundheitszustand unserer ungeborenen Tochter geben. Ein Arzt sagte uns damals: „Natürlich wird ihre Tochter lesen und schreiben lernen, nur wie und wo kann man natürlich noch nicht sagen." Zu diesem Zeitpunkt verstand ich überhaupt nicht, was er uns damit eigentlich sagen will.

Natürlich gingen mir auch sehr viele andere Gedanken durch den Kopf. „Was kommt da auf uns zu? Schaffen wir das? Wie sieht unser Familienleben in Zukunft aus? Und: Will ich dieses Kind überhaupt?
Nach reiflicher Überlegung entschieden wir uns dafür, dass Helen vier Wo-

chen vor dem errechneten Geburtstermin, also zwei Wochen nach Erhalt der Diagnose, auf die Welt kommen soll. Am Montag, den 24. Oktober 1994 wurde sie dann per Kaiserschnitt geboren und sofort auf die Kinderintensivstation gebracht. Nach zwei oder drei Tagen konnte ich sie dann zum ersten Mal dort besuchen. Dieser Mischmasch aus Gefühlen war furchtbar. Auf der einen Seite freut man sich auf sein Kind, und auf der anderen Seite liegt da ein kleines Wesen, das von Kopf bis Fuß verkabelt zwischen piepsenden Geräten liegt.

Eine Woche später wurde Helen nach Tübingen verlegt, wo sie operiert wurde und man ihr einen magnetisch verstellbaren Shunt legte. Nach drei Tagen wurde sie wieder nach Reutlingen zurückverlegt. Sie verbrachte dann die ersten zwei Wochen ihres Lebens auf der Intensivstation und nochmals zwei Wochen auf der normalen Säuglingsstation. Als Helen dann nach vier Wochen entlassen wurde, war ich auf der einen Seite unwahrscheinlich froh. Auf der anderen Seite hatte ich natürlich furchtbare Angst vor dem, was da auf uns zukommt.

Wir wurden über plötzlichen Kindstod, Epilepsie, Shuntversagen und noch ein paar andere Dinge mehr aufgeklärt.

Die ersten Wochen und Monate waren mit sehr, sehr vielen Arztbesuchen ausgefüllt und ich bemerkte jedoch sehr schnell, dass sich Helen anders als ihre Schwester verhielt und entwickelte.

Helen schlief sehr viel, trank sehr schlecht, erbrach sich sehr oft und zeigte kaum Reaktionen. Im ersten halben Jahr fand so gut wie keine Entwicklung statt. In dieser Zeit stellte ich fest, dass Helen auf keine optischen Reize reagierte. Meine größte Befürchtung war, ob Helen überhaupt etwas sieht. Auf mich machte sie den Eindruck eines blinden Kindes. Das war der absolute Horror! Zeitgleich stellten die Ärzte fest, dass der Kopfumfang zunahm.

Daraufhin wurde die Druckstufe des Ventils innerhalb von einem halben Jahr zwei mal gesenkt. Danach ging es Helen merklich besser. Ihre körperliche Entwicklung fand durch den lang bestehenden Hirndruck sehr verzögert statt. Dieser Hirndruck hatte leider auch Auswirkungen auf den Sehnerv von Helen. Bei ihr wurde eine Optikusatrophie festgestellt, d. h., der Sehnerv ist stark ausgedünnt. Sie schielte sehr stark und hat einen Pendelnystagmus, das bedeutet, dass die Augen hin und her flattern und sich schlecht oder gar nicht auf etwas fixieren können. Ihre Sehkraft liegt bei ca. 15 %. Diese Sehbehinderung beeinträchtigte Helen in ihrer körperlichen und auch geistigen

Entwicklung enorm und ist bis heute ihr größtes Handicap. Helen konnte mit ca. einem Jahr sitzen, mit eineinhalb Jahren krabbeln und mit ca. zwei Jahren laufen. Mit dem Gleichgewicht hatte sie enorme Schwierigkeiten und die Fein- und Grobmotorik bereitete ihr große Probleme. Nur die Sprache entwickelte sich fast altersgemäß, jedoch konnte sie lange Zeit viele Buchstaben nicht richtig aussprechen.

Die größte Angst war bis dahin jedoch immer ein Ventilversagen. Als Helen ca. zweieinhalb Jahre alt war, lag sie eines Morgens in ihrem Bett und hatte einen epileptischen Anfall. Das war der absolute Schock für uns. Sie kam mit dem Notarztwagen ins Krankenhaus und die Ärzte hatten große Mühe, den Anfall in den Griff zu bekommen. Bei anschließenden Untersuchungen wurde ein Hämatom festgestellt, dass sofort operiert werden musste.

Von da an war die Epilepsie unser jahrelanger Begleiter mit sehr vielen, immer wiederkehrenden Anfällen trotz Medikamenteneinnahme. Diese Zeit war geprägt von vielen Arztbesuchen, Blutspiegelmessungen, EEG's, Kopfschmerzen, Übelkeit, Erbrechen und Stimmungsschwankungen wie Jähzorn und Aggressionen bei Helen. Immer wieder mussten wir mit ihr ins Krankenhaus, da sie die Medikamente nicht richtig vertrug. Sie wurde apathisch, konnte kaum mehr laufen und war auch nicht mehr richtig ansprechbar.

Aber trotzdem entwickelte sich Helen sehr gut. Sie ging ab dem vierten Monat zur Krankengymnastik und ins Babyschwimmen. Später kamen dann Ergotherapie, Logopädie und Reittherapie dazu. Trotz der vielen Termine fanden wir immer noch Zeit mit unseren Kindern Ausflüge zu machen, Fahrrad zu fahren, auf den Spielplatz zu gehen, zum Schwimmen und später auch zum Skifahren zu gehen. Bei jeder Aktivität war Helen natürlich immer dabei und wurde genauso behandelt wie ihre Schwester. Von Anfang an war Helen ein sehr willensstarkes Kind, das immer alles alleine machen wollte und auch alles immer ausprobieren wollte.

Als die große Schwester dann in den Kindergarten kam, war es für Helen natürlich langweilig daheim. Als dann bei uns in der Nähe eine Kleinkindgruppe eröffnete, war es klar, Helen dort anzumelden. Sie ging mit drei Jahren drei Vormittage pro Woche in eine Kleinkindgruppe. Auch dort war sie natürlich wie jedes andere Kind bei allem dabei. Im Herbst 1998 sollte Helen dann in den Kindergarten gehen. Alle ihre Freunde aus der Kleinkindgruppe kamen auch in den Kindergarten und so war es für uns ganz selbstverständlich, dass Helen in den gleichen ortsnahen Kindergarten gehen wird, wie ihre Schwester und ihre Freundinnen. Ich ging sehr offen mit Helens Entwicklungsverzögerung, Sehbehinderung und Epilepsie um, und es gab damals überhaupt keine Einwände oder Schwierigkeiten, die gegen einen Besuch von Helen im Regelkindergarten gesprochen hätten. Durch die Frühförderstelle der Sehbehindertenberatung in Heiligenbronn erfuhren wir, dass wir Eingliederungshilfe für Helen für den Kindergarten beantragen können. Dies wurde dann in Absprache mit der leitenden Erzieherin beantragt und vom Sozialamt der Stadt Reutlingen mit 15 Wochenstunden genehmigt.

Durch Zufall lernten wir eine Erzieherin kennen, die nach dem Mutterschutz wieder stundenweise arbeiten wollte. Sie wurde dann bei der Stadt angestellt und übernahm die Begleitung von Helen während der gesamten Kindergartenzeit. Helen ging sehr gerne in den Kindergarten und entwickelte sich in den Bereichen des Sozialverhaltens, der Sprache, des Selbstwertgefühls und den lebenspraktischen Bereichen sehr gut. Jedoch hatte sie enorme Schwierigkeiten in der Fein- und Grobmotorik, in der Mengenerfassung und natürlich, bedingt durch ihre Sehbehinderung, in der Bildbetrachtung und beim Basteln.

Durch ihre Gangunsicherheit und Gleichgewichtsstörung benötigte sie viel Hilfe im Garten und auf dem Spielplatz. Helen wurde im Kindergarten regelmäßig von der Frühförderstelle der Schule für Blinde und Sehbehinderte aus Heiligenbronn besucht. Bei diesen Besuchen wurde sie dann aus der Gruppe herausgenommen und sie bekam gezielte Sehförderung nach dem Frostig-Programm. Darauf hatte Helen überhaupt keine Lust, denn sie wollte viel lieber mit ihren Freundinnen spielen. Diese Unlust zeigte und äußerte sie sehr oft.

Im letzten Kindergartenjahr gehörte Helen natürlich auch zu den Vorschulkindern. In dieser Zeit habe ich dann angefangen, mich sehr intensiv mit dem Thema der Einschulung in eine Regelschule zu beschäftigen. Natürlich war ich mir über Helens Defizite bewusst, jedoch kannte ich auch ihre Stärken. In allen Bereichen machte sie Fortschritte, wenn auch langsamer als andere Kinder, und sie zeigte nie eine Überforderung. Meine Vorstellung war, Helen in eine Grundschulförderklasse zu schicken. Dort wurden Kinder, die vom Schulbesuch aufgrund fehlender Schulreife zurückgestellt wurden, in kleineren Gruppen unterrichtet und auf den Schulalltag vorbereitet. Einen Platz in der Grundschulförderklasse bekam man aber nur, wenn man vom Besuch der Regelschule zurückgestellt wurde, d.h., wir brauchten zuerst eine Regelschule, die Helen aufnimmt, aber dann für ein Jahr zurückstellt. Bei den Gesprächen mit dem Kindergarten und mit der Frühförderstelle der Sehbehindertenschule wurde uns vom Besuch einer Regelschule und so auch vom Besuch der Grundschulförderklasse mit folgender Begründung abgeraten:

„Helen braucht einen Lernort, an welchem in einer Kleingruppe Unterricht immer wieder individualisiert werden kann und die Besonderheiten ihrer Beeinträchtigungen (körperlich/motorisch, visuell, auditiv, kognitiv) berücksichtigt werden können."

Also eigentlich alles, was eine Grundschulförderklasse damals zu bieten hatte.

Mit dieser Begründung konnte ich mich überhaupt nicht abfinden. Zeitgleich ging ich mit Helen zu einer Kinder- und Jugendpsychotherapeutin, um einen Intelligenztest machen zu lassen. Leider sind diese Tests für Kinder in diesem Alter sehr stark aufs Visuelle ausgelegt und es war für Helen natürlich sehr anstrengend und erforderte höchste Konzentration. Erschwerend kam hinzu, dass Helen mal wieder überhaupt keine Lust auf diese Testerei hatte, verständlicherweise, und dies dann durch Arbeitsverweigerung zeigte.

Im Abschlussbericht der Therapeutin stand: Ich zitiere: „Eine Regelbeschulung von Helen ist nicht empfehlenswert. Ebensowenig eine Beschulung in der Förderschule; hier spricht v. a. das dort zu erwartende schwierige soziale Umfeld dagegen. Helen ist ein sehr sensibles, freundliches und grundsätzlich offenes Kind, das sehr auf Beziehungen baut und Beziehungen sucht. Diese Fähigkeit und Bereitschaft sollte nicht durch zu große Klassen und vorwiegend im Sozialverhalten problematische Mitschüler beeinträchtigt werden. Zu prüfen – im direkten Kontakt mit der Schule – wäre eine Beschulung in der Sonderschule G, in einer Sehbehindertenschule oder ggf. in der Sprachheilschule." Was für eine Aussage und was für eine Empfehlung, wenn man dann im gleichen Bericht liest, dass die Tests aufgrund der schwachen Sehleistung kaum oder nur bedingt auswertbar sind.

Vom Plan der Einschulung in eine Grundschulförderklasse rückte ich trotzdem nicht ab. Ich wollte Helen einfach die Chance geben, in einer kleineren Gruppe gezielt im Bereich der Fein- und Grobmotorik gefördert zu werden. Also brauchten wir eine Regelschule!

Wir wohnen in unmittelbarer Nähe einer großen freien kirchlichen Schule, die meine ältere Tochter zu diesem Zeitpunkt bereits besuchte. Diese Schule kann von uns aus zu Fuß erreicht werden und alle Kinder aus Helens Kindergarten wurden dort angemeldet. Damals war es sehr schwer, in dieser Schule einen Schulplatz zu bekommen. Jedoch wurden Geschwisterkinder bevorzugt behandelt und bekamen eigentlich immer einen Schulplatz. So gingen wir Anfang 2001 ganz offen in diese Schule und stellten Helen dort vor.

Wir führten zwischen Januar und Mai 2001 mehrere Gespräche mit der dort angestellten Sonderpädagogin. Diese führte den Einschulungstest mit Helen durch und sprach mit den Erzieherinnen vom Kindergarten und mit der Frühförderstelle. Sie kam zu dem Ergebnis: Ich zitiere wieder: „Aufgrund des so entstandenen Gesamtbildes halte ich den Besuch einer Regelschule für unrealistisch". Während der Gespräche wurden wir auch auf die Möglichkeiten der Sonderbeschulung hingewiesen. Natürlich erklärten wir uns bereit, uns diese Schulen auch anzuschauen, obwohl wir in den Gesprächen klar zum Ausdruck brachten, dass eine Sonderschule für Helen nicht in Frage kommt.

Die Sehbehindertenschule in Heiligenbronn ist eine Internatsschule. Das hätte ich als Mutter nie übers Herz gebracht, meine Tochter ab der erste Klasse ins Internat zu schicken. Wäre diese Schule vor Ort gewesen, hätten wir uns damals sicher für diese Schulart entschieden. Die Sehbehindertenschule in Stuttgart ist zu weit weg, um täglich zu fahren. Ich schaute die Schulen aber trotzdem an und konnte mir eine Internatsunterbringung zu einem späteren Zeitpunkt durchaus vorstellen. Ich schaute mir die Förderschule an und im Gespräch mit dem Schulleiter wurde mir im Hinblick aufs soziale Umfeld von dieser Schulart abgeraten.

Dann schauten wir uns die Körperbehindertenschule in Mössingen an. Nach dem Rundgang durchs Schulgebäude und einem Informationsgespräch verließen wir die Schule und ich fing auf dem Schulhof vor lauter Frust zu weinen an. Denn dies war auch eine Schule, die für meine Tochter gar nicht in Frage kam. Es war für mich zum damaligen Zeitpunkt nicht vorstellbar, dass sie schon ab der ersten Klasse drei mal pro Woche nicht nach Hause zum Essen kommen soll und als Erstklässler so viel Zeit in der Schule verbringen muss.

In der Zwischenzeit hatte ich schon einiges über Außenklassen, ISEP und andere Schulformen, die in manchen Schulamtsbezirken praktiziert wurden, in Erfahrung gebracht. Am meisten hatte mich das ISEP, das „Integrative

Schulentwicklungsprojekt" begeistert. Mit diesen Informationen führten wir dann ein letztes Gespräch mit dem damaligen Schulleiter dieser kirchlichen Grund- und Hauptschule und er erklärte uns, dass er seinen schulischen Rahmen für unsere Tochter nicht öffnen könne. Wir wiesen ihn darauf hin, dass wir sämtliche Unterstützungsmöglichkeiten in Erfahrung bringen und auch beantragen würden. Doch eine Beschulung von Helen konnte er sich in seiner vom christlichen Glauben geprägte Schule überhaupt nicht vorstellen.

Enttäuscht und frustriert entließ er uns mit einer Kopie eines Schreibens ans staatliche Schulamt, in dem die Schule dort bereits mitgeteilt hatte, dass „die Eltern die Einschulung in die Sonderschule wünschen".

Jetzt war unser Kind also als Sonderschulkind beim Schulamt gemeldet. Da brach für mich eine Welt zusammen und ich wusste tagelang nicht, was wir tun sollten. Zufälligerweise erfuhr ich dann von dem Elternverein „Arbeitsgemeinschaft Integration" in Reutlingen. Dort berichtete ich von unseren gemachten Erfahrungen und unserem bestehenden Problem: „Welche Schule für unser Kind?". Die Vorsitzende, selbst Lehrerin, verwies mich an die Grundschule, die für unseren Wohnbezirk zuständig ist. Sie kannte den Schulleiter sehr gut und war sich sicher, dass er uns weiterhelfen könne. Also machten wir mit dem damaligen Rektor einen Termin aus und schilderten ihm unsere Probleme. Er war sofort begeistert davon, Helen in seine Schule aufzunehmen, und mit Tränen in den Augen sagte er, dass er jahrelang auf so ein Kind wie unsere Tochter gewartet hätte. Mit dem Rektor der Grundschule vereinbarten wir, dass Helen den Schulplatz bekommt, aber zurückgestellt wird, um dann zuerst einmal die Grundschulförderklasse zu besuchen. Weiterhin brauchten wir auch genügend Zeit, um ein ISEP zu beantragen. Nun mussten wir beim staatlichen Schulamt einen Termin ausmachen, um dem damaligen Schulrat mitzuteilen, dass Helen nun doch kein Kind einer Sonderschule sei. Wir hatten in der Zwischenzeit vorsorglich Kontakt zu einem Fachanwalt für Verwaltungsrecht aufgenommen, um uns beraten zu lassen, wie wir beim Schulamt argumentieren und vorgehen müssen.

Anfang Juli hatten wir dann einen runden Tisch beim Schulamt. Daran beteiligt waren: der zuständige Schulrat und der Beratungslehrer der Frühförderstelle der Sehbehindertenschule, unser Rechtsanwalt, der Rektor der Grundschule, unser Kinderarzt und unsere Ergotherapeutin, die Helen jahrelang kannten und betreuten und absolut unserer Meinung bezüglich der

Einschulung in eine Regelschule waren. Wir saßen uns wie Kontrahenten an einem langen Tisch gegenüber. Dies war der schlimmste runde Tisch, den ich in den ganzen Jahren je erlebt hatte. Wir, auf der einen Seite, argumentierten natürlich für die Regelschule und die zwei Herren, Schulrat und Beratungslehrer auf der anderen Seite, dagegen. Mit so viel Rückhalt durch Fachpersonen hatten diese natürlich überhaupt nicht gerechnet. Es entstand eine hitzige Diskussion in der mir der Schulrat immer wieder sagte, ich solle doch den Mund halten, da ich ja nur eine hysterische Mutter sei. Am Ende dieses unsäglichen Gespräches hieß es dann nur, dass wir Bescheid bekommen würden.

Ich konnte mich kaum noch beherrschen und als ich dann endlich zuhause war, bekam ich echt einen „Schrei- und Heulkrampf". Ich wurde in meinem Leben noch nie so niederträchtig und respektlos behandelt wie bei diesem Gespräch. Zwei Wochen später bekam der Rektor der Grundschule dann ein Schreiben von der Grundschulförderklasse in dem stand: „Aufgrund des besonderen Förderbedarfs bei Helen sehen wir keine Möglichkeit, Helen in die Grundschulförderklasse aufzunehmen.

Wir denken, dass wir Helen in einer Gruppe mit 17 Kindern nicht gerecht werden können, ihr nicht die für sie notwendige Zuwendung geben können, da die anderen Kinder auch die Zuwendung und Betreuung brauchen." Diese Aussage war und ist eine absolute Diskriminierung. Jetzt war für uns ganz klar, dass wir juristisch gegen das Schulamt vorgehen müssen. Dies gab der Rektor dann auch so dem Schulrat weiter und siehe da: Zwei Tage später, es waren immerhin nur noch zwei Wochen bis zu den Sommerferien, bekamen wir dann die Zusage vom staatlichen Schulamt, dass Helen einen Platz in der Grundschulförderklasse bekommt.

Ab Mitte September 2001 wurde Helen dann jeden Morgen mit einem Schulbus abgeholt und zur Schule gefahren. Sie war in einer Klasse mit 16 anderen Kindern. Warum wir für dieses Schuljahr keine Eingliederungshilfe beantragt hatten, weiß ich leider nicht mehr genau. Ich glaube, die Schule wollte das nicht. Man musste ja beweisen, dass Helen diese Schule eh nicht schafft. Und so ging Helen mit viel Spaß und Ehrgeiz, und ohne Unterstützung, ein Jahr lang in diese Klasse und entwickelte sich sehr gut. Nach Aussage der Lehrkraft kam Helen überraschenderweise gut zurecht. Was für ein Erfolg!
Im Herbst 2001 war ich in Stuttgart bei einer Veranstaltung zum Thema „Beschulungsmöglichkeiten von beeinträchtigten und behinderten Kindern".

Den Vortrag dazu hielt die damalige Kultusministerin von Baden-Württemberg, Frau Dr. Schavan. Sie erzählte den anwesenden Eltern leider nichts Neues und vertrat weiterhin die These, dass wir in Baden-Württemberg über sehr gute Sonderschulen verfügen und diese auch ihre Berechtigung hätten.

In der anschließenden Diskussion schilderte ich die Problematik unserer sehbehinderten Tochter und dass unsere Grundschule Unterstützung für die Aufnahme von Helen benötige. Frau Schavan bat mich, ihr dies alles schriftlich mitzuteilen, was ich dann auch tat. Ich schrieb ihr über die Sehbehinderung unserer Tochter, über die zwei zu weit wegliegenden Sehbehindertenschulen, über die fehlenden Sozialkontakte bei Beschulung in die KBF, die Aufnahme in die Grundschule und die Schwierigkeiten beim Schulamt. Abschließend bat ich sie um Informationen zu ISEP und Möglichkeiten der Förderung bzw. Unterstützung in der Regelschule. Vier Wochen später bekam ich tatsächlich Antwort vom Kultusministerium. „Es freut mich Ihnen mitteilen zu können, dass nach Rücksprache mit dem Staatlichen Schulamt Reutlingen Helen im Schuljahr 2002/2003 in die Regelschule eingeschult werden kann.

Das Staatliche Schulamt wird den sonderpädagogischen Förderbedarf von Helen feststellen und der Grundschule entsprechende zusätzliche Lehrerwochenstunden zur Förderung zuweisen. Über die Größe der zukünftigen ersten Klasse kann noch keine endgültige Aussage getroffen werden." Mit gleichem Schreiben bekamen wir einen „Antrag auf Beschulung eines Kindes mit besonderem Förderbedarf im Rahmen eines Integrativen Schulentwicklungsprojektes (ISEP)". Darin beantragen wir beim Staatlichen Schulamt in Reutlingen: eine wohnortnahe Regelschule, nicht mehr als 20 – 22 Schüler pro Klasse, Team-Teaching , d. h. Zwei-Pädagogen-System, gemeinsamer Unterricht mit zieldifferenten Lernangeboten und Lernstandsberichte bezogen auf den individuellen Lern- und Leistungszuwachs.

Das Jahr in der Grundschulförderklasse ging zu Ende und der pädagogische Abschlussbericht ging ans staatliche Schulamt. Geschrieben von der Erzieherin, die die Grundschulförderklasse von Helen betreute und von der pädagogischen Beratungsstelle der Sehbehindertenschule. Helen hatte laut diesem Bericht im motorischen, kognitiven und sozialen Bereich Schwierigkeiten. Die Empfehlung lautete: Ich zitiere wieder: „Nach unserer Einschätzung konnte Helen bislang in der Grundschulförderklasse Fortschritte erzielen, jedoch nicht den Leistungsstand erreichen, der Voraussetzung für eine Einschulung in eine Regelschule ist. Deshalb sollte für Helen ein angemessener Schulort gefunden werden, der ihrem momentanen Leistungsstand und ihrem daraus resultierenden Förderbedarf entspricht." Dann wurde eine Seite lang aufgeführt, was alles berücksichtigt werden müsse, um Helen in der Regelschule gerecht werden zu können. Dies war der am negativsten formulierte pädagogische Bericht, der je über Helen geschrieben wurde und bis jetzt auch der einzige Bericht, mit dem ich so nicht einverstanden war und Änderungen bzw. Ergänzungen gefordert hatte.

Aufgrund dieses Berichtes wurden wir wieder zum runden Tisch eingeladen, obwohl Helen ja die Zusage der Regelschule hatte. Diesmal sollten die Rektorin der Grundschulförderklasse, die Erzieherin bzw. Lehrerin dieser Klasse, der Lehrer der Sehbehindertenschule, der Rektor der Grundschule, zwei Schulräte, der Schulamtsdirektor und wir Eltern teilnehmen. Wir schrieben daraufhin ans Schulamt, dass wir nicht bereit wären, nochmals an einen runden Tisch zu sitzen, um über den geeigneten Schulort von Helen zu diskutieren. Viel mehr wiesen wir auf unseren ISEP-Antrag hin, der drei Monate zuvor gestellt wurde und wir bis dahin noch keine Reaktion darauf bekommen hatten. Zukünftige Gespräche wollten wir nur noch mit dem Leiter des Schulamtes führen. Desweiteren erwähnten wir die Zusage von Frau Dr. Schavan bezüglich der Unterstützungsmöglichkeiten und zum Schluss teilten wir mit, dass wir eine Kopie von unserem Schreiben auch ans Kultusministerium schicken werden.

Weitere Gespräche führten wir als Eltern dann nur noch mit dem Leiter des Schulamtes. Dieser sicherte uns dann auch für einen späteren Zeitpunkt den Platz in der Regelschule zu.

Daraufhin wurde im Frühsommer 2002 die Körperbehindertenschule Mössingen vom Staatlichen Schulamt beauftragt, eine sonderpädagogische Stellungnahme abzugeben. Es musste dabei der Förderbedarf geklärt werden, ein Antrag auf Kooperationsstunden gestellt und Eingliederungshilfe beantragt werden.

Dann kam tatsächlich der große Tag!
Helen wurde am 12. September 2002 in die erste Klasse der Grundschule eingeschult. Sie hatte in den ersten beiden Schuljahren eine sehr engagierte, erfahrene Lehrerin. Die Schule bekam sechs Kooperationsstunden von der KBF und wir bekamen 10 Stunden Eingliederungshilfe vom Sozialamt geneh-

migt. Das nächste Problem, das sich uns stellte, war die Besetzung der Eingliederungshilfe bzw. der Inklusionsassistentin. Wir hatten die Möglichkeit, diese

Stelle mit einem FSJler zu besetzen oder selbst nach einer geeigneten Kraft zu suchen. Also gaben wir in den Sommerferien eine Stellenanzeige auf und suchten eine Schulbegleitung.

Wir entschieden uns für eine Erzieherin, die damals schon die Weiterbildung zur Inklusionsassistentin gemacht hatte. Da das Geld vom Sozialamt an uns bezahlt wurde, mussten wir die Schulbegleitung bei uns anstellen, d.h., wir wurden zum Arbeitgeber und waren verantwortlich für alle Steuer- und Sozialabgaben. Wir hatten die richtige Entscheidung getroffen, denn diese Inklusionsassistentinbrachte sehr viel Einfühlungsvermögen, Engagement und Flexibilität mit und begleitete und betreute Helen in ihrer gesamten Grundschulzeit. Ihre Aufgabe war es u.a. das Arbeitsmaterial für Helen umzuarbeiten, sie in die Klassengemeinschaft einzubinden, Helen bei Ausflügen und Lerngängen zu begleiten und ihr natürlich Hilfestellungen im Unterricht zu geben. Helen ging sehr gerne in die Schule, war mit Eifer dabei, machte Fortschritte und zeigte großen Ehrgeiz. Sie wollte alles alleine machen und alles genauso wie ihre Mitschüler.

Jedoch hatte sie größere Schwierigkeiten, dem Unterrichtsgeschehen zu folgen, da ihre Aufmerksamkeit rasch nachließ und sie sich durch ihre Umgebung leicht ablenken ließ. Zum Erfassen neuer Lerninhalte benötigte sie sehr viel Zeit und intensive Hilfestellungen. In Deutsch konnte sie sehr schnell fast fehlerfrei schreiben. In Mathematik konnte sie im Zahlenraum bis 100 einfache Rechnungen lösen. Sobald die Aufgaben jedoch komplexer wurden oder bei Sachaufgaben, bekam Helen zunehmend Schwierigkeiten.

Am Ende der zweiten Klasse stand dann der Wechsel der Klassenlehrer an. Die Noten in Deutsch und Mathe wurden in Rücksprache mit dem staatlichen Schulamt ausgesetzt, da Helen nicht zielgleich lernen konnte.

Der Rektor legte uns nahe, Helen die zweite Klasse wiederholen zu lassen. Seiner Meinung nach könne sich das Gelernte besser festigen und außerdem hatte er zu diesem Zeitpunkt keine Lehrkraft, die er für geeignet hielt, diese Klasse zu übernehmen. Damals konnte ich das überhaupt nicht verstehen, aber in der Zwischenzeit weiß ich, wie wichtig es ist, die geeigneten Lehrkräfte dafür zu gewinnen. Wir gingen auf seinen Vorschlag ein und Helen wiederholte die zweite Klasse, was ihr auf keinen Fall schadete. Sie konnte ihr Schriftbild verbessern und ihre mathematischen Grundkenntnisse etwas mehr festigen. Ihre neue Klassenlehrerin war eine ganz junge Lehrerin, die mit viel Ehrgeiz die Klasse unterrichtete. Immer wieder fanden große und

kleine runde Tische statt, um weiter an einem Konzept zu arbeiten, das allen Beteiligten gerecht werden musste. Schulleitung, Lehrer, Kooperationslehrer und Schulamt überlegten, welche Unterstützungsmodelle möglich wären.

Die Schule formulierte ihrerseits eine Konzeption zur Integration, in der ganz klar formuliert wurde, dass sich die Schule am Kind, so wie es ist, ausrichtet. Die Ziele des Bildungsplans gelten nur als Orientierung.

Helen soll weiterhin mit größtmöglicher Selbständigkeit entsprechend ihren individuellen Fähigkeiten und Möglichkeiten am Unterricht teilnehmen können. Sie darf und soll jedoch keinen bedingungslosen Schonraum erhalten – sie wird gefordert und gefördert, ausgerichtet an ihren individuellen Möglichkeiten und nicht primär an den Zielen des Bildungsplans. Voraussetzung dafür waren Teambereitschaft, Doppelbesetzung, Transparenz und Differenzierung.

Der Leiter des Staatlichen Schulamtes stellte zu diesem Zeitpunkt fest, dass ein zieldifferentes Arbeiten wohl so wie bisher nicht mehr haltbar sei. Eine größere Gruppe von Schülern könnte möglich sein. Dann wäre auch ein anderes „Förder-Modell" denkbar und somit auch notwendig.

Helen wurde also in die dritte Klasse versetzt. Das vorrangige Ziel war es, ihr die Teilnahme am regulären Unterricht zu ermöglichen, offensichtliche Sonderbehandlungen zu vermeiden, das Unterstützungssystem sollte sich harmonisch in den Schulalltag einfügen und zur Normalität für die ganze Klasse werden. So sollten auch andere Schüler der Klasse auf diese Weise von den zusätzlichen Ressourcen profitieren. Aufgrund der steigenden Unterrichtszeiten in der dritten Klasse beantragten wir die Erhöhung der Eingliederungshilfe um zusätzlich zwei Stunden auf insgesamt 12 Stunden, die wir auch genehmigt bekamen. Im Laufe der zweiten Klasse zeigte sich den Lehrern, dass es noch zwei weitere Mädchen in Helens Klasse und ein Mädchen in der Parallelklasse gab, die besonderen Förderbedarf benötigten. So hatte die Schule die Gruppe beisammen, die das Schulamt wollte und dadurch ergaben sich neue Fördermöglichkeiten. Ab dem neuen Schuljahr wurde die Klasse dann zusätzlich von einer Lehrerin der Förderschule regelmäßig mit zwei Unterrichtsstunden unterstützt. Weiterhin unterstützte die

Körperbehindertenschule Mössingen mit fünf Stunden die Klasse. In einigen Fächern fand auch Team-Teaching statt. Helen konnte durch dieses Unterstützungssystem den Anforderungen der dritten Klasse gerecht werden. Nur im Fach Mathematik wurde sie zieldifferent in einer Kleingruppe unterrichtet und die Inhalte orientierten sich an ihren individuellen Lernvoraussetzungen. In allen anderen Fächern wurde sie entsprechend dem Grundschullehrplan unterrichtet. So wurde Helen in die vierte Klasse versetzt und bekam am Ende ihrer Grundschulzeit eine Empfehlung für die Hauptschule.

Helen hatte im Abschlusszeugnis der vierten Klasse in allen Fächern eine Zwei, jedoch mit dem Zusatz, dass Inhalte und Note im Fach Mathematik dem Bildungsplan der Förderschule entspricht und sich ihre Note in Sport an ihren motorischen Voraussetzungen und dem individuellen Lernzuwachs orientierte. Die Leistungen im Fach Englisch erreichte sie mit intensiver Unterstützung und in allen anderen Fächern wurde nicht differenziert und die Noten entsprachen den Anforderungen der vierten Klasse.

Während der ganzen Schulzeit hatte Helen zum Glück nie einen epileptischen Anfall. Jedoch musste ich sie oft von der Grundschule abholen, da sie mit sehr starken Nebenwirkungen ihrer Medikamente zu kämpfen hatte, wie z. B. Konzentrationsprobleme, Müdigkeit, Apathie, Stimmungsschwankungen. Für mich war es eine furchtbar anstrengende Zeit. Bei jedem Klingeln des Telefons zuckte ich vor Angst zusammen, dass es Helen wieder schlecht gehen könne. Wenn ich sie in der Schule abholen musste, war sie so apathisch, dass sie nicht einmal mehr selber laufen konnte und kaum ansprechbar war.

Gott sei Dank wurde Helen im Laufe der Zeit mit den richtigen Medikamenten eingestellt und die Anfälle wurden weniger. Aufgrund ihrer körperlichen Entwicklung und Hirnreife verbesserte sich ihr EEG und seit neun Jahren ist Helen unter Medikamenten anfallsfrei.

Aufgrund der veränderten Bedingungen in der fünften Klasse, wie Klassenzimmerwechsel, neue Unterrichtsfächer und mehr Unterrichtsstunden, beantragten wir die Erhöhung der Eingliederungshilfe von 12 auf 16 Stunden, die wir auch genehmigt bekamen. Fürs neue Schuljahr mussten wir eine neue Schulassistentin suchen. Wir gaben wieder eine Stellenanzeige auf und bekamen sehr viele Zuschriften. Es ist sehr schwer, eine geeignete Kraft zu finden, der man erstens sein Kind anvertraut, ein hohes Maß an Verantwortung überträgt und die sich dann auch noch gut ins Klassengeschehen integrieren kann. So startete die fünfte Klasse mit 20 Schülerinnen und Schülern, mit einem Klassenlehrerteam, bestehend aus einer Lehrerin und einem Lehrer, der Unterstützung durch die Körperbehindertenschule Mössingen, der Förderschule und der Schulassistentin. Die drei Schülerinnen wechselten mit Helen in die gleiche Klasse und das integrative Schulprojekt wurde fortgeführt. Am Ende der fünften Klasse hieß es in der pädagogischen Stellungnahme der Körperbehindertenschule Mössingen:

„Helens Leistungen sind durchschnittlich und trotz ihrer Beeinträchtigung kann sie den Anforderungen der Hauptschule gerecht werden. In Mathematik wird teilweise inhaltlich und umfangmäßig differenziert, in allen anderen Fächern wird sie entsprechend den Inhalten der Klasse unterrichtet.

In wöchentlichen Teambesprechungen werden die Unterrichtsstunden der kommenden Woche besprochen, individuelle Arbeitsmaterialien hergestellt, die Klassenarbeiten geplant und individuelle Fördermöglichkeiten erarbeitet. Helen kann sich durchsetzen, beschwert sich auch, wenn sie sich ungerecht behandelt fühlt und kann ihre Bedürfnisse klar zum Ausdruck bringen.
Eine Sonderbehandlung lehnt sie ab. Sie ist sehr bemüht, das gleiche Arbeitspensum wie die anderen Schüler zu erledigen, wobei sie dann gelegentlich an die Grenze der Überforderung gelangt."

Ihre Noten lagen in allen Fächern zwischen zwei und drei. Helen machte von Schuljahr zu Schuljahr immer mehr Fortschritte. Es zeigte sich, dass Helen ein sehr gutes Gedächtnis hat und sehr gut auswendig lernen kann. Sie gewann immer mehr Selbstvertrauen, beteiligte sich aktiver am Unterricht, fragte nach und entwickelte einen sehr hohen Anspruch an sich selbst.

Ihre Noten blieben unverändert gleich gut. Sie lagen immer zwischen zwei und drei und ab der sechsten Klasse erhielt Helen jedes Jahr eine Belobigung der Schule. Im Laufe der Schuljahre zeigte sich, dass Helen enorme Schwierigkeiten im Fach Mathematik hat. Helen kann nicht logisch denken, hat Probleme sich Mengen vorzustellen, kann im hohen Zahlenraum schlecht rechnen. In allen anderen Fächern lernte sie zielgleich. Als Helen dann in die neunte Klasse kam stellten wir uns natürlich alle die Frage, ob und wie sie die Abschlussprüfung schafft. Das größte Problem war das Fach Mathematik.

Wenn Helen den anerkannten Hauptschulabschluss machen möchte, muss sie die Prüfung in Mathe genauso machen, wie allen anderen. Also versuchte das Lehrerteam ab der neunten Klasse, eine weitgehende Annäherung an die Inhalte und Anforderungen des normalen Klassenunterrichts. Denn nur so hätte Helen die Chance, einen Teil der Matheabschlussprüfung zu schaffen. Im Laufe des letzten Schuljahres konnte sie in allen Prüfungsfächern gute Anmeldenoten erzielen und sie fing an, sich auf die Abschlussprüfung vorzubereiten. Diese bestand aus einer themenorientierten Projektprüfung, einer schriftlichen Prüfung in Mathe, Deutsch und Englisch. Helen ging dann sogar noch freiwillig in die mündliche Deutschprüfung, um ihre Note zu verbessern, was ihr übrigens auch gelang. Die Matheprüfung fiel für Helens Rechenkünste dann gar nicht so schlecht aus und mit ihrer guten Anmeldenote schaffte sie im Abschlusszeugnis dann sogar eine Drei.

Und am 20. Juli 2012 erhielt Helen mit ihren anderen Mitschülern bei einer festlichen Abschlussfeier ihr Hauptschulabschlusszeugnis mit einem Notendurchschnitt von 2,2. Dies bedeutete, dass Helen wieder eine Belobigung für ihr Zeugnis erhielt!

Natürlich beschäftigte uns das ganze letzte Schuljahr nur ein Gedanke – was macht Helen nach der Schule? Für sie stand nach ihrem ersten Berufspraktikum, das sie während der achten Klasse in einem Kindergarten gemacht hatte, fest, dass sie in diesem Bereich arbeiten wolle. Meine Überlegung war allerdings, Helen für ein Jahr nach Stuttgart in die Nikolauspflege zu schicken. Ich wollte, dass sie offen für andere Berufsfelder wird und vor allem fand und finde ich es sehr wichtig, dass sie andere Jugendliche, denen es gleich oder ähnlich geht, kennenlernt. Sie schnupperte dann mir zuliebe auch zwei Tage an der berufsvorbereitenden Sonderberufsfachschule. Ich konnte sie nicht dafür begeistern, denn für sie stand ihr Berufswunsch fest. Sie wollte unbedingt im Kindergarten arbeiten und nicht im Büro, oder in der Hauswirtschaft oder als Gärtner oder Korbflechter.

Also informierte ich mich nach einer Möglichkeit, die Ausbildung zur Kinderpflegerin über ein Berufsbildungswerk oder durch andere Träger zu beginnen. Doch leider gibt es in diesem Bereich keine Möglichkeiten. Es gibt nur die Ausbildung auf dem ersten Arbeitsmarkt. Diese dauert drei Jahre und besteht in den ersten zwei Jahren aus einer schulischen Ausbildung und im dritten Jahr findet dann ein Praxisjahr statt. In Reutlingen gibt es eine Schule, die diese Ausbildung anbietet. Desweiteren bietet sie auch ein sogenanntes

BEJ an. Dies ist ein Berufseinstiegsjahr für Hauptschüler, die keinen weiteren Schul- oder Ausbildungsplatz bekommen haben. Dieses BEJ gibt es in verschiedenen sozialen Bereichen, u.a. auch im Bereich der Kinderpflege. Nach reiflicher Überlegung entschieden wir uns dann dafür, Helen zuerst im BEJ anzumelden, da ich mir selbst nicht sicher war, ob Helen diese Ausbildung und auch den Schulortwechsel an ein riesiges Schulzentrum überhaupt schafft. Wir vereinbarten einen Termin mit der zuständigen Abteilungsleiterin und schilderten Helens Schullaufbahn und ihre Handicaps. Diese hielt Rücksprache mit allen bis dahin beteiligten Lehrern und kam zu dem Entschluss, dass Helen doch gleich mit der Ausbildung zur Kinderpflegerin beginnen könne.

Also bewarb sich Helen um einen schulischen Ausbildungsplatz. Aufgrund ihrer Noten hatte sie die Zugangsvoraussetzungen erfüllt. Mitte Mai 2012 wurde Helen dann zum Bewerbungsgespräch eingeladen. Im Anschluss daran führte ich mit den teilnehmenden Lehrkräften auch noch ein Gespräch. Das war jedoch sehr ernüchternd bzw. sehr frustrierend, und ich fühlte mich zurückversetzt in Helens Schulanfänge. Wie konnte es sein, dass das Thema der Inklusion an manchen Lehrern und Schule so vorbeiging. Ich hatte überhaupt kein gutes Gefühl bei der Vorstellung, dass Helen diese Ausbildung beginnen soll. Die betreffenden Lehrer hielten dann Rücksprache mit der Direktorin der Schule und äußerten dort ihre Bedenken. Also führten wir wieder Gespräche mit dem Schulamt und der Schule.

Doch die Bedenken von Seiten der Schule waren zu groß. Wir einigten uns dann darauf, dass Helen doch erst einmal das einjährige Berufseinstiegsjahr absolviert. In diesem Jahr musste sie einen Tag pro Woche ein Praktikum in einem Kindergarten machen und sie hatte berufsfachliche und berufspraktische Schulfächer. Helen entschied sich, ihr Praktikum in einer Kleinkindgruppe mit Kindern von eins bis drei Jahren zu machen, da diese Altersgruppe eigentlich auch ihr Berufsziel ist.

Am Anfang fiel es ihr nicht so leicht, Kontakt mit den Kindern aufzunehmen und bei vielen Arbeiten war sie sehr unsicher. Doch von Woche zu Woche klappte es immer besser. Zu Beginn der Schulzeit hatte Helen große Schwierigkeiten, sich an all das Neue in dem großen Schulzentrum zu gewöhnen. Doch im Laufe der Zeit bekam sie immer mehr Sicherheit und Routine. Auch an der neuen Schule hatte Helen eine Schulbegleitung, die ihr hauptsächlich bei Tafelaufschrieben und Umarbeitung des Schulmaterials half. Im Laufe dieses Schuljahres stellte ich einen enormen Ehrgeiz bei Helen fest. Ihr Interesse an allen Themen in Bezug auf Kindergarten war riesig. Helen hatte in all den Schuljahren noch nie so interessiert nachgefragt, diskutiert und gelernt. In den berufsorientierten Fächern lagen ihre Noten immer zwischen eins und zwei. In Deutsch erreichte sie eine zwei, nur Mathe war weiterhin unser Sorgenkind. Helen ist eine pflichtbewusste, zuverlässige und sehr sorgfältige Schülerin. Sie hat ihr Schulmaterial immer dabei und Hausaufgaben vergisst sie auch nie. Die Aufnahmebedingungen für die Ausbildung zur Kinderpflegerin erfüllte sie ohne weiteres und trotzdem konnte uns die Schule nach dem ersten Halbjahr des BEJs immer noch keine Zusage für die Ausbildung geben.

Es wurde Helen wirklich nicht leicht gemacht. Obwohl sie nun fast schon ein dreiviertel Jahr an der Schule war, musste sie wieder eine schriftliche Bewerbung abgeben und wurde wieder zu einem Vorstellungsgespräch eingeladen. Aufgrund meiner langen Erfahrungen mit Schulamt und Schule telefonierten wir dann zufälligerweise mal mit dem Schulamt und gaben Auskunft über Helens gute Entwicklung in der Schule und im Praktikum und fragten zwecks dem Ausbildungsplatz nach. Und siehe da: Kurz darauf bekam Helen ihre offizielle Zusage für ihre Ausbildung. Was für ein Zufall! Bevor dann das Schuljahr begann, fand nochmals ein runder Tisch mit Schulleitung, allen beteiligten Lehrkräften, Schulassistenz, Anleiterin vom Praktikum und Klassenlehrerin vom BEJ statt. Wir als Eltern waren nicht eingeladen.

Bei diesem Gespräch zeigte sich wohl eine sehr große Unsicherheit bei den Lehrkräften im Umgang mit einer beeinträchtigten Schülerin. Solche Schüler und Schülerinnen kannten sie bis dahin nicht. Die größte Sorge macht sich die Schule, wo Helen später einmal arbeiten könne. Aber auch da finden wir einen Weg und einen entsprechenden Arbeitsplatz. Da bin ich mir ganz sicher. Denn im Kindergarten können nicht nur Kinder inklusiv betreut werden. Es muss auch die Möglichkeit des inklusiven Arbeitsplatzes angeboten bzw. geschaffen werden.

Seit September 2013 hat Helen nun ihre Ausbildung zur Kinderpflegerin begonnen. Die Anfangszeit war und ist auch jetzt noch sehr stressig und anstrengend. Ich bin mir zum ersten Mal nicht ganz sicher, ob Helen diese ganzen Anforderungen schafft. Jedoch bin ich davon überzeugt, dass wir auch dann Wege finden werden, damit Helen ihren großen Traum, nämlich in einem Kindergarten zu arbeiten, verwirklichen kann.

Für mich waren die letzten 19 Jahre sehr anstrengend und auch sehr stressig. Helen braucht zurzeit so viel Hilfe und Unterstützung für ihre Schulsachen, dass ich doch öfters mal an meine Grenzen komme und in der Zwischenzeit auch ab und zu die Lust verliere. Ich hatte das große Glück, dass ich nicht berufstätig sein musste und viele Jahre nur Mutter sein durfte. In den letzten Jahren arbeitete ich als Springkraft in Kindergärten, obwohl ich keine pädagogische Ausbildung habe, betreute einen mehrfach behinderten Jungen im Kindergarten und unterstützte in den letzten zwei Jahre ein Mädchen in der Grundschule als Schulbegleitung. Ich konnte vor vielen Jahren eine Fortbildung zur Inklusionsassistentin machen und sehe darin auch meine berufliche Zukunft. In den vielen Jahren habe aber auch ich gelernt, auf mich und meine Bedürfnisse Rücksicht zu nehmen. Da mir die Berufsausbildung von Helen aber viel wichtiger ist, als meine „Berufskarriere", arbeite ich zurzeit nicht.
Nur so kann ich die nötige Zeit aufbringen, um Helen bei all ihren Schulangelegenheiten zu helfen und als Mama-Taxi mehrmals in der Woche Helen zu ihren Freizeitaktivitäten zu fahren. Sie geht zweimal in der Woche zum Reiten, spielt aktiv Bowling im Verein und spielt in einer inklusiven Musikband Keyboard.

Bei der Vorbereitung auf diesen Beitrag habe ich natürlich sämtliche Berichte, die je über Helen geschrieben wurden, durchgelesen und mich an diese Zeit zurückerinnert. Im Nachhinein kann ich verstehen, dass viele skeptisch waren und Helen den Besuch der Regelschule nicht zugetraut hatten.

Ich weiß nicht, woher ich diese Überzeugung hatte. Wahrscheinlich hat mir Helen jeden Tag gezeigt, was in ihr und in einem selbst steckt und was man alles erreichen kann. Jedoch ist und bleibt es immer eine Gratwanderung zwischen Fördern und Fordern und ja nicht Überfordern. Ich denke, dass mir dies ganz gut gelungen ist und ich abschließend sagen kann, dass ich alles wieder genauso machen würde.

Autorinnen und Autoren

Bauer, Fritz-Heinrich
   Dipl.Soz.päd., Geschäftsführer der CAP-Integrations gGmbH Friedrichshafen

Dederich, Markus
   Prof. Dr., Universität zu Köln, Humanwissenschafftliche Fakultät, Allgemeine Heilpädagogik

Jerg, Jo
   Prof. Dipl.Päd., Professur für Inklusive Soziale Arbeit an der Ev. Hochschule Ludwigsburg

Kraus, Josef
   Oberstudiendirektor, Dipl.Psych., Präsident des deutschen Lehrerverbandes (DL)

Merz-Atalik, Kerstin
   Prof. Dr., Prorektorin an der PH Ludwigsburg und Prof'in für Allgemeine und Rehabilitationspädagogik an der Fakultät für Sonderpädagogik in Reutlingen

Ramminger, Edith
   Lehrerin an der Schule für Kranke am Universitätsklinikum Tübingen, Mitarbeiterin bei der Arbeitsstelle Kooperation im Staatlichen Schulamt Tübingen

Schablon, Kai-Uwe
   Prof. Dr., Katholische Hochschule Münster

Springer, Anke
   Dipl.Soz.päd., Paritätische Berufsfachschule für Sozial- und Pflegeberufe Hausach

Strohmaier, Benjamin
   Dipl.-Päd., Musiker, Kulturwerkstatt e.V. Reutlingen

Wieczorek, Marion
   Prof. Dr., Pädagogische Hochschule Ludwigsburg, Fakultät für Sonderpädagogik, Förderschwerpunkt körperliche und motorische Entwicklung

Zeeb, Susanne
   Mutter einer 18-jährigen Tochter, die seit Kindergartenzeit inklusiv begleitet und unterstützt wird, Reutlingen